KB023120

- HTML이 무엇이고 어디에 쓰이는지.

- 간단한 웹사이트를 관리하고 업데이트하는 법.

- 텍스트 편집기에서 HTML을 편집하고 브라우저에서 즉시 결과를 확인하는 법.

- 패러그래프와 헤더, 리스트와 이미지, 폼과 테이블과 같은 기본 HTML

구성요소를 사용하는 법을 배운다.

- CSS가 무엇이고 어떻게 사용하는지,

- 클래스와 아이디를 사용하여 구성요소를 어떻게 조회하는지,

- 웹페이지를 재구성하기 위해 DIV를 사용하는 법,

- 테두리와 포지셔닝, 컬러와 폰트, 텍스트와 링크 포맷을 조정하기 위해

  CSS를 사용하는 법을 배운다.

- 자바스크립트는 무엇이고 어디에 쓰이는지.

- 웹페이지에 쌍방향 기능을 만들기 위해 자바스크립트를 사용하는 법.

- 난수random numbers를 산출하기.

- '높은 아니면 낮은' 숫자 추측 게임을 배운다.

- 파이썬은 무엇이고 어떻게 사용하는지,

- 파이썬의 변수, 루프, If 문 사용하기,

- 리스트와 정규 표현식 같은 심화 기능,

- 웹페이지에서 데이터 추출하기다.

할 수 있다!
코딩

처음 시작하는 첫 번째 코딩 입문서

할 수 있다! 코딩

펴낸날 2018년 8월 20일 1판 1쇄

지은이 롭 퍼시벌Rob Percival
펴낸이 김영선
옮긴이 윤동준
감수 장윤재
교정·교열 이교숙, 남은영
경영지원 최은정
디자인 김규림
마케팅 PAGE ONE 강용구
홍보 김범식

펴낸곳 (주)다빈치하우스-미디어숲
주소 경기도 고양시 일산서구 고양대로632번길 60, 207호
전화 (02)323-7234
팩스 (02)323-0253
홈페이지 www.mfbook.co.kr
이메일 dhhard@naver.com (원고투고)
출판등록번호 제2-2767호

값 16,800원
ISBN 979-11-5874-040-5

이 도서의 국립중앙도서관 출판예정도서목록(CIP)은 서지정보유통지원시스템 홈페이지(http://seoji.nl.go.kr)와
국가자료공동목록시스템(http://www.nl.go.kr/kolisnet)에서
이용하실 수 있습니다.(CIP제어번호: CIP2018021083)

처음 시작하는 첫 번째 코딩 입문서 🔍

할 수 있다! 코딩

Rob Percival 지음

윤동준 옮김 장윤재 감수

미디어숲

차 례

PART 02
코딩에 쓰이는
언어

PART 03
실전!
코딩

PART 04
코딩으로
커리어 경쟁력 갖기

2016년 6월《패스트컴퍼니(Fast Company)》(기술, 비즈니스 및 디자인을 중심 주제로 연 10회 발행되는 미국 비즈니스 잡지-옮긴이)는 다음과 같은 기사를 발표했다.

'코딩이 미래에도 가장 중요한 직업 기술인 이유.' 데이터 분석 업체인 버닝글래스는 코딩 기술이 필요한 일자리는 평균 대비 22,000 달러 이상 급여가 높고, 대개 58,000달러 이상의 연봉을 받는 일자리로 어느 정도 코딩 기술을 요구한다고 발표했다. 게다가 기술 산업만이 아니라 재무, 제조, 그리고 헬스케어 같은 업종에서 프로그램 제작의 절반이 이뤄진다.

예전에는 높은 급여나 커리어를 보장해주는 전문 기술은 박사나 MBA까지는 아니더라도 적어도 학위 하나는 따야 인정받았다. 요즘은 온라인 과정이 많아져서 인터넷이 연결된 컴퓨터만 있다면 누구나 코딩 기술을 손쉽게 배워 인정받을 수 있다.

컴퓨터가 갈수록 똑똑해져서 이제는 차를 몰면서 기사를 쓸 수 있고, 사람의 도움 없이도 회사 회계를 처리할 수 있다. 이런 이유로 컴퓨터에 명령을 내릴 수 있는 코딩 기술이 어느 때보다 중요해졌다.

코딩을 배우면 구직자는 취업 기회가 넓어지고, 창업할 수도 있으며, 앱이나 웹사이트를 만들어 부수입을 올릴 수도 있다.

이 책은 우리가 왜 코딩을 배워야 하는지, 또 어떻게 배울 수 있는지를 상세히 알려준다. 프로그래밍 지식의 이점을 설명하고 바로 웹사이트에 필요한 언어인 HTML의 세계로 들어간다. 다른 프로그래밍 언어들에 대해서도 배우고 아이폰이나 안드로이드폰에서 쓸 수 있는 앱을 만드는 법까지 알아볼 것이다. 마지막으로 이런 기술들을 이용해서 자신만의 웹사이트와 앱을 만들어 업무 효과를 높이기 위해 적용해볼 수 있다. 마지막으로 전문적인 소프트웨어 개발자가 되는 방법까지 살펴본다.

직장을 바꿀 생각이 없더라도 코딩 기술을 이용해서 현재 하고 있는 업무를 효과적으로 개선하는 방법과 더 빠르게 끝마칠 수 있는 지름길, 그리고 고객과 클라이언트에 대한 서비스를 증진하고 더 빠르게 피드백을 제공하는 방법을 보여준다.

나는 이 책을 통해 여러분이 디지털 문맹에서 완전히 벗어나기를 바란다. 일부는 사업을 시작하고, 일부는 현재 업무를 도와주는 앱을 개발하고, 일부는 사무실의 IT 기술자와 편하게 대화할 것이다. 무엇보다 모든 독자가 컴퓨터나 전화기를 포함한 스마트 기기로 일을 할 때 코딩을 통해 더 효율적으로 할 수 있는 방법을 완전히 이해하게 될 것이다. 자신이 작성한 코드 한 줄 한 줄 덕분에 날마다 사용하는 기술들을 더 자유롭게 이용하게 될 것이다.

어떻게 나는 코딩에서 새로운 기회를 잡았는가

우선 코딩을 배워서 달라진 내 인생부터 이야기하겠다. 나는 대학에서 수학을 전공한 후 런던의 한 중학교에서 선생님이 되었다. 아이들을 가르치는 일은 즐거웠지만 은퇴할 때까지 교직생활을 할 수 있을지 확신이 없었다. 그래서 학교에서 돌아온 저녁이나 주말이면 웹사이트를 만들기 시작했다.

어릴 때 코딩을 약간 배운 적이 있어서 일단 BBC Micro 사이트에 있는 내가 좋아하는 게임을 복제해보려고 했다. 그러나 나는 빌 게이츠나 마크 주커버그가 아니었다. 내 아이디어를 웹사이트에 어떻게 구현할지, 구글을 검색해가며 연구했다. 이 방법은 자유롭고 효과적이긴 했지만 자주 슬럼프가 왔고 불필요한 과정을 거치기도 했다. 그러다가 훨씬 괜찮은 방법이 있다는 사실을 알아냈다.

내 첫 번째 웹사이트는 'HomesExchange.org'이다. 숙박비를 절약할 수 있도록 몇 주간 집을 서로 교환할 수 있게 하는 사이트였다. 불행하게도 나는 'HomesExchange.org'라는 도메인이 'HomeSexChange.org'라는 이름으로도 해석된다는 점을 미처 깨닫지 못했다. 몇 차례 불미스러운 요청을 받은 후 나는 이 사업이 그리 오래가지 못하겠다는 결정을 내렸다.

몇 개의 사이트를 더 만들었지만 대부분 수포로 돌아갔다. 그러던 중 사람들이 자신의 웹사이트와 이메일을 환경 친화적인 방법으로 호스트할 수 있게 지원하는 웹 호스팅 서비스를 떠올렸다. 이는 '가려운 곳 스스로 긁기'와 같다. 내가 웹사이트를 만들려고 했을 때 이런 서비스를 찾아다녔기 때문에 가려운 부분에 대해 잘 알았다. 기존 사이트들은 비용이 높았고 'GoDaddy'나 '123-reg'처럼 큰 호스팅 서비스 업체만큼 여러 기능을 제공하지도 않았다.

'ecowebhosting.co.uk'는 많은 사람이 학수고대하던 서비스였다. 웹사이트는 구글을 통해 검색되고 입소문을 타면서 자연스럽게 성장했다. 사이트가 인기를 얻자 나는 코딩을 배워 하루에도 몇 번씩 관리해야 했던 업무를 자동화시켰고, 몇 가지 기능을 추가했다.

2012년에 웹 호스팅과 일부 다른 프로젝트에 집중하려고 교직을 그만뒀다. 얼마 후 생각처럼 프리랜서가 '자유로운' 직업이 아니라는 사실을 깨달았다. 나는 항상 진행 중인 몇 가지 일들을 동시에 처리해야 했다. 고정 수입이 있는 일(웹 호스팅으로), 새로운 프로젝트(많은 지역에서 의뢰해 오는 앱과 웹사이트 구축), 그리고 최근 내 머리에 떠오른 '기발한' 아이디어로 새 사업을 구상하는 일을 동시에 진행하는 것을 선호했다. 하지만 계속 신경 쓰이는 경쟁자들을 대처하느라 녹록치 않은 세월을 보냈다.

2014년 1월에 웹사이트를 구축하는 법에 대한 온라인 강좌를 만들었다. 온라인 영상 강좌가 점차 인기를 얻었다. 나의 코딩 지식과 강의 기술, 사업적 경험을 결합하면 재미있고 실용적인 코딩 강의를 만들 수 있겠다고 생각했다. 그렇게 해서 나온 '완벽한 웹 개발 과정(The Complete Web Developer Course)'은 최고의 베스트셀러가 되었다. 이후에 나는 아이폰 앱에 관한 '완벽한 iOS 개발 과정(The Complete iOS Developer Course)', 안드로이드폰 앱에 관한 '완벽한 안드로이드 개발 과정(The Complete Android Developer Course)'을 추가했다.

내 강의를 통해 50만 명이 넘는 사람들이 코딩을 배웠다. 한 사람이 얼마나 많은 사람에게 가르침을 줄 수 있는지 인터넷의 확장성에 날마다 감사한다. 동영상 강의는 내게 경제적 자유를 주었다. 강의를 접하지 않은 다른 사람에게도 코딩에서 얻은 나의 기쁨을 나누고 싶은 욕구가 샘솟았다. 코딩을 배우면서 생겨나는 많은 기회에 대해서도 알려주고 싶다.

스티브 잡스의 유명한 말이 있다.

"나는 이 나라의 모든 사람이 컴퓨터 프로그래밍에 대해 배워야 한다고 생각합니다. 이를 통해 생각하는 법에 대해 배울 수 있기 때문입니다."

바로 이것이 가장 근본이자 궁극의 목표다. 코딩을 배우면 문제를 논리적으로 분석하고 올바른 질문을 던져서 해결책이 제대로 작동하는지 검증한다. 바로 이런 능력은 인생의 모든 측면에 도움을 줄 것이다.

이 책을 잘 사용하는 법

이 책은 최대한 실용적인 내용을 담아 혼자서 실습할 수 있게 했다. 내용을 잘 이해하고 제공되는 온라인 자료를 잘 활용하면 대부분 내용을 자기 것으로 만들 수 있다. 3가지 과정을 통해 코딩을 배운다. 질문, 실습, 그리고 과제. 질문을 통해 주요 사항을 암기할 수 있게 돕는다. 실습을 통해 내용을 숙지했는지 확인하고 과제를 통해 심화 학습을 한다. 책 뒤로 갈수록 질문은 줄어들고 과제는 늘어갈 것이다. 즐거운 여행이 되기를 바란다!

온라인 자료

이 책에는 때때로 내가 온라인에 올려놓은 자료에 대한 내용이 나온다. 아래에 이용 방법이 있다.

1 각 온라인 자료는 CC 표시와 숫자로 구분된다.

2 주소는 koganpage.com/cc이다.

3 'View resources' 버튼을 찾아라.

4 이를 클릭하면 'Online material' PDF를 받을 수 있다.

5 PDF에는 각 CC 숫자에 대응하는 URL이 나와 있다.

'koganpage.com/cc'에서 또 'Confident Coding images' PDF를 다운로드할 수 있다. 이 책에 나오는 모든 이미지가 들어 있어서 자신의 컴퓨터 화면에 띄워서 확대할 수 있다.

PART
01

왜 지금
코딩을
배워야 하는가

코딩을 배우면 소프트웨어의 작동원리에서 더 나아가

웹폼을 만들거나 앱에 기능을 추가하려면 무엇이 필요한지 알 수 있다.

업무를 하다 보면 매일 쓰는 소프트웨어를 자신에게 맞게 고친다거나

회사 웹사이트에 기능을 추가하거나 심지어는

갑자기 떠오른 아이디어를 앱으로 개발해야 할 순간이 찾아온다.

코딩으로
할 수 있는 일

코딩은 급여를 올리고 경력을 쌓을 기회를 넓혀주며 사업이나 구직의 지렛대가 될 수 있다. 또 가상현실이나 자율주행 등으로 대표되는 자동화된 미래사회를 잘 헤쳐 나갈 수 있게 도와줄 것이다. 지금 당장 우리는 코딩으로 무엇을 할 수 있을까?

효과적인 업무 처리

오늘날 거의 대부분 일은 컴퓨터로 이뤄진다. 누구나 웹 검색, 문서 작성과 관리, 이메일 같은 업무를 날마다 반복한다. 컴퓨터의 운영체제나 소프트웨어의 작동원리를 알면 이런 일들을 훨씬 효과적으로 처리할 수 있다.

우선 키보드 단축키 사용법만 숙지해도 날마다 몇 분씩은 절약할 수 있다. 또 소프트웨어의 작동원리를 파악하면 자신의 업무 흐름을 어떻게 개선할지에 대해 생각해볼 수 있다. 단축키나 If This Then That 같은 서비스들은(이후에 자세히 다루겠다) 잘 활용하면 작업 결과를 개선할 뿐 아니라 시간을 대폭 절약해준다. 동료들에게 주간 뉴스레터를 이메일로 자동으로 보내고 주간 판매보고를 웹페이지에 실시간으로 자동 업데이트한다고 상상해보라.

코딩을 배우면 시간을 덜 들이면서도 더 많은 일을 할 수 있다.

기술팀과 원활한 대화

자신이 가진 기술 수준과 관계없이 기술팀과 정기적으로 만나면서 온전히 이해하지 못한 부분에 대해 의사소통을 하는 것이 좋다. 회사 웹사이트에 콘텐츠를 올리거나 자신의 컴퓨터에 설치할 프로그램 문제, 혹은 회사 계정에 실수로 올린 트윗을 삭제하려 할 때 기술에 대한 이해가 있으면 대화가 훨씬 간결해진다.

기술팀 사람들이 쓰는 전문용어에 친숙해지면(사실 이는 들리는 것처럼 복잡하거나 이해하기 힘든 말이 아니다) 컴퓨터 시스템이 작동하는 근본 원리 또한 알 수 있다. 새로운 시스템이나 소프트웨어에 대해서도 주요 기능과 구성을 쉽게 파악하고 사용법을 익혀 자신 있게 대화할 수 있다.

컴퓨터와 소프트웨어를 잘 다루는 능력은 업무의 생산성과 속도를 급격하게 상승시킨다. 회사의 기술팀 사람들과 협업할 때도 무리 없이 업무를 처리할 수 있다.

소프트웨어 작동원리 이해

자녀들에게 프로그래밍 교육을 시켜야 하는 주요 이유 중 하나는 소프트웨어가 발전하는 속도 때문이다. 지금 가장 주된 컴퓨팅 도구인 스마트폰이 등장한 지가 이제 겨우 10여 년이다. 지금부터 5, 10, 20년 뒤에는 무슨 기기가 쓰일지 누가 알겠는가. 코딩을 배우면 소프트웨어가 작동하는 근본 원리를 알 수 있다. 근본 원리는 금세 바뀌지 않는다. 코딩 교육을 통해 새로운 운영 시스템이나 다른 프로그램, 앱, 그리고 새로운 기기에 빨리 적응할 수 있다.

어른들도 마찬가지다. 컴퓨터의 작동원리를 이해하면 새로운 소프트웨어와 하드웨어를 자기 업무에 재빠르게 활용하여 미래가 보장되는 커리어를 쌓아나갈 수 있다.

무엇이 필요한지 파악하기

코딩을 배우면 소프트웨어의 작동원리에서 더 나아가 웹폼을 만들거나 앱에 기능을 추가하려면 무엇이 필요한지 알 수 있다. 업무를 하다 보면 매일 쓰는 소프트웨어를 자신에게 맞게 고친다거나 회사 웹사이트에 기능을 추가하거나 심지어는 갑자기 떠오른 아이디어를 앱으로 개발해야 할 순간이 찾아온다.

웹사이트나 앱 또는 개별 기능을 만들기 위해서 무엇이 필요한지 알 수 없다면 비용을 과다 지불하거나 정확하게 원하는 바를 이루지 못할 위험이 커진다. 코딩을 하려면 무엇이 필요한지를 알면 협상력이 커지고 예산에 맞춰 빠르게 일을 마칠 수 있다.

웹사이트나 앱 구축하기

인터넷이 개발되기 이전에는 제품이나 서비스에 대한 아이디어를 세상과 나누려고 할 때 극복하기 어려운 장벽이 있었다. 신문이나 책을 통해 발표하거나 광고하는 방법밖에 없었다. 웹은 이 모든 것을 바꿔놓았다. 이제는 몇 시간 안에 30억 인구가 접근할 수 있는 웹사이트를 온라인에 만들 수 있게 되었다. 유일한 장벽은 코딩이다.

나는 이 사실에 무척 흥분했다. 코딩을 알면 랩톱과 문자편집기(무료)만으로 전 세계를 대상으로 매장을 만들 수도 있다. 벽돌이나 시멘트는 없어도 된다.

이 책을 통해 자신만의 웹사이트와 앱을 만드는 여러 방법을 살펴볼 것이다.

웹 정체성 구축하기

고용주의 80%는 면접 전에 응시자들을 구글로 검색한다. 자기 이름을 검색란에 기입하고 엔터를 누르면 무슨 내용이 나오는지 확인해봐라. 구직을 원하는 기업의 고용주들이 찾는 내용인가? 블로그나 폴트폴리오 사이트, 과거에 추진했던 프로젝트, 자신이 쓴 전자책 등을 만들어서 미래의 고용주가 볼 내용을 미리 준비하면 좋다. 지원자들 사이에서 돋보일 수 있다.

웹 정체성은 무척 중요하다. 자신의 웹 정체성을 관리할 수 있다면 나머지 95%의 사람들보다 앞서 나갈 수 있다. 나중에 이 책에서 블로그와 포트폴리오 만들기에 대해서도 설명할 것이다.

자기만의 사업 시작하기

'기술 동업자Technical cofounders'는 사업을 시작하려는 이들 중에서 코딩 기술이 있는 사람들을 말한다. 기술 동업자를 구하는 사람들이 매우 많아서 구글에 'find a technical cofounder'라는 검색어를 입력하면 320만 개의 결과가 나온다.

코딩 기술을 배우면 자기가 좋아하는 어떤 사업이든 시작할 수 있다. 아니면 다른 사람과 동업을 하고 새 회사에 필요한 기술 지원을 해줄 수도 있다. 오늘 당장 사업을 시작하지는 않더라도 기회가 항상 열려 있다는 것은 흥분되는 일이다. 이 과정에 대한 상세한 내용도 나중에 이 책에서 살펴볼 것이다. 코딩을 배우면 어떤 사업의 기회가 열릴까?

현재 역할 내에서 추가적인 업무 처리하기

승진을 위한 명확한 절차가 있는 직장은 드물다. 아마 있다고 하더라도 장기적이다. 하지만 누구나 빨리 승진할 수 있는 기회를 찾는다. 그저 '일을 더 잘해라'라거나 자신을 돋보이게 만들라고만 하는 것으로는 부족하다.

예를 들어 코딩을 배우면 정기 업무를 더 쉽고 효과적으로 할 수 있는 앱을 만들 수도 있다. 사람들이 차량을 공유할 수 있는 웹페이지를 만들 수도 있고 만약 변호사라면 소송 진행 상황을 실시간으로 자동 업데이트하여 고객들이 바로 살펴볼 수 있는 앱을 만들 수도 있다. 그냥 간단하게 회사 웹사이트 관리 업무를 담당할 수도 있다. 고객이나 클라이언트가 사용하는 툴과 기능을 추가하고 웹사이트의 정보를 최신 상태로 업데이트할 수 있다.

이런 일이 부수적이고 불필요하게 들릴 수도 있지만 조직에서 자신이 주목받고 뭔가 근사한 일이 일어나는 시작점이 되게 할 수 있다. 설사 그런 일이 생기지 않더라도 아이디어를 실현시키는 연습을 하고 많은 실수를 겪으면서 실력을 키울 수 있다.

업무 시간으로부터 자유

취업하면 우리는 자신의 시간을 파는 대가로 월급을 받는다. 일을 사랑한다면 만족할 만한 계약이다. 하지만 많은 이가 동일 노동시간 대비 업무 결과를 키울 수 있기를 바란다. 이는 코딩으로 가능하다.

선생님이라면 사람들을 가르치는 웹사이트를 만든다. 그리고 웹사이트 공간을 광고주에게 판다. 예술가라면 자기 작품을 전시하고 판매할 수 있는 앱을 만든다. 회계사라면 회계 업무를 도와주는 툴을 만들고 이를 저렴한 요금으로 다른 사람들에게 서비스한다. 나중에 이 책에서 단계적으로 사람들이 원하는 것을 만드는 방법도 알려줄 것이다. 이를 염두에 두고 아이디어가 떠오를 때마다 메모해둔다.

자신의 전문 지식을 코딩으로 구현하기

프로그램을 전공한 사람은 오직 개발자로서만 일해 왔다. 만약 다른 전문 분야가 있다면 이를 코딩과 결합시켜 마술 같은 결과를 만들어낼 수 있다.

　나는 교직생활의 경험과 코딩을 결합했고 강의 동영상을 만들어 성과가 좋았다. 이는 코딩과 법률이 될 수도 있고, 코딩과 회계, 혹은 코딩과 요가(나중에 실제 사례를 살펴본다)가 될 수도 있다. 별도의 분야에서 전문가라는 것은 자신과 같은 사람들이 원하는 바, 그들이 가지고 있는 문제점, 이를 어떻게 해결해야 하는지에 대한 통찰이 있다는 의미다. 코딩을 배우면 이를 실제 해결할 수 있는 도구를 만들 수 있다.

재미있는 코딩

　코딩은 무척 재밌다. 문제를 해결하거나 과제를 마무리할 때의 만족감도 크다. 대부분 사람들이 날마다 반복되는 일상에서 배울 것이 없다고 느낀다. 하지만 코딩을 배우면 학교를 떠난 이후로 느껴본 적 없던 신바람이 난다.

　무언가를 만들고 문제를 해결하는 일을 즐긴다면 웹사이트와 앱을 만들고 버그를 잡고 프로젝트를 마무리하는 일을 좋아하게 될 것이다. 코드를 한 줄 한 줄 작성해서 컴퓨터가 자신이 명령한 일을 수행하게 하는 것은 그 자체로 중독성이 있다. 그리고 일상의 스트레스로부터 멋진 휴식이 된다.

각 업무 분야와 코딩

앞선 내용으로 코딩 기술을 현재 자신이 하는 일에 적용하는 방법을 찾았기를 바란다. 하지만 그렇지 않다면 특정 분야에서 프로그래밍이 어떻게 적용될 수 있는지를 구체적인 사례를 통해 찾아보자.

법률

모든 산업에서 디지털 기술은 점점 그 중요성이 더해지고 있다. 변호사나 회계사가 코딩을 배우면 디지털 기술 관련 의뢰인들에 대해 우월한 경쟁력을 가진다. 그들이 하는 말을 잘 이해하고 문제가 어디서 기인하는지를 잘 파악한다. 그리고 디지털 기술은 법이 변화해야 하는 주요 원인 중 하나다. 새로운 가능성과 예상치 못했던 상황을 준비해야 한다. 디지털 기술 자체를 잘 이해하고 있으면 빠르게 변하는 법조계의 환경에서 큰 장점이다.

갈수록 법률사무도 앱이나 웹사이트에 의존하는 경향이 커지고 있다. 그만큼 절차를 개선하는 능력이 있을 경우 자신의 업무를 보다 효과적으로 처리할 수 있다. 고객을 더 만족시킬 수도 있다. 대개 법률 절차는 지루하게 늘어져 개인과 회사 모두 지치기 쉽다. 어떤 과정에 있으며 무슨 일을 해야 하는지를 실시간으로 알려주는 앱을 만들어서 이를 해결할 수 있다.

판매와 마케팅

디지털 기술이 발전하면서 판매와 마케팅은 과거와 완전히 다른 모습이다. 광고 효과를 측정하는 마케터의 능력은 관련 분야의 지형을 바꿨다. 최신 기술로 인해 마케터와 판매사원의 구분이 확실해졌다. 이메일 마케팅을 위해 HTML^HyperText Markup Language^을 써서 편집하고 디버그하거나 반복적인 업무를 자동화하여 남는 시간에 혁신적인 아이디어를 구상하는 등 마케터의 역할이 판매와는 별개의 일이 됐다.

'전통적인 미디어'를 이용하는 것도 디지털 기술을 이용하면 효과가 더욱 크다. 만약 그런 도구가 없다면 코딩을 통해 만들 수 있다.

은행

오늘날 디지털 기술이 은행 업무의 중심이라는 것은 말할 필요도 없다. 기계는 사람보다 은행 거래를 보다 빠르고 정확하게 처리한다. 그리고 고객도 온라인으로 은행 거래를 더 많이 한다. 은행에서 어떤 일을 맡고 있는지와 상관없이 일상적으로 사용하는 디지털 기술을 이해하면 보다 효과적으로 사용할 수 있다.

하루 종일 엑셀을 이용해 재무 설계를 한다면 코딩을 배워서 버그를 찾아내는 절차를 개선하고 결과를 점검할 수도 있고 현재 일일이 손으로 하는 작업을 자동화할 수도 있다.

무역

보일러를 고친다거나 집을 짓는 일은 여전히 사람이 하는 일인 반면, 무역업에 종사하는 사람들이 디지털 기술을 이해하면 다른 이들에 비해 우월한 경쟁력을 확보할 수 있다. 모든 무역업에 종사하는 사람들에게 고객 서비스는 중요하다. 고객의 질의에 신속히 대응하고 약속을 자동적으로 조정하며 송장과 비용처리를 효과적으로 관리하는 일은 시간을 절약해줄 뿐 아니라 고객 만족도를 높인다. 그러면 고객은 다시 찾아온다.

다른 분야에서처럼 문제 해결을 돕는 툴을 만든다면 다른 사람들도 흥미를 갖게 될 것이다. 그러면 자신의 제품이나 서비스를 동종 업계에 종사하는 사람들에게 완벽하게 마케팅할 수 있다.

창의성이 필요한 업종

사진가나 그래픽 아티스트 또는 다른 분야의 작가들은 이미 디지털 기술에 집중하고 복잡한 소프트웨어를 사용하고 있을 확률이 높다. 동시에 똑같은 과정을 반복하고 있을 가능성도 높다. 작업 결과를 여러 가지 파일 형태와 크기로 추출하고 필터를 적용하고 색보정을 하는 것과 같은 일을 반복한다. 이런 과정을 자동화할 수 있다면 보다 효과적으로 일하고 일관된 스타일의 결과물을 출력할 수 있다.

개발자와의 협업 또한 분명히 필요하다. 포트폴리오 사이트를 개설하거나 특정 프로젝트를 위해 함께 일한다. 이들과 대화를 편하게 할 수 있다면 작업 성과를 올릴 수 있다. 그리고 일단 자신이 직접 웹사이트나 앱을 만드는 수준이 되면 고객들에게 완결된 서비스를 제공할 수 있다.

소매, 서비스업

소매와 서비스 산업은 고객에 대한 봉사가 가장 중요하다. 고객에게 더 편리한 디지털 환경을 제공해야 한다. 이는 회사와 시스템 이용자 모두에게 효과적이다. 디지털 기술을 잘 사용해서 고객을 위한 기능을 만들고 환경에 맞추어 조정할 수 있는 능력이 있다면 고용주의 마음에 드는 직원이 되고 일상의 업무도 잘할 수 있게 될 것이다.

Summary Note

코딩을 배워서 어디에 사용할 수 있는지, 구체적인 예를 살펴봤다. 이를 통해 직원으로서 가치를 높이고 커리어 전망을 밝게 하고 자유를 얻을 수도 있다. 제이슨 칼라캐니스는 인터넷 기업 마할로^{Mahalo}의 CEO이자 스타트업 쇼케이스인 론치^{LAUNCH}의 설립자다. 그는 "코딩을 아는 직원의 가치는 총액 기준으로 50만 달러에서 백만 달러에 이른다"라고 말했다. 새로운 기술을 배워 자신의 몸값을 올릴 수 있다.

일단 코딩 언어를 배우면 생겨나는 이런 기회들에 대해 나중에 이 책에서 보다 상세하게 살펴보겠다. 그전에 코딩과 친해지는 시간을 가져보자. 코딩이 정확히 무엇인지, 코딩 언어의 종류가 왜 그렇게 많은지 그리고 그중에서 무엇을 배워야 하는지를 알아본다. 또 인터넷과 오피스 프로그램들의 기능을 알아보고 이 책에서 사용할 기본적인 용어들을 익힌다(앞으로 만날 디지털 기술자들과의 대화에서 사용할 수 있다).

마지막으로 덧붙이자면 나는 사람들이 코딩을 배우면 자신의 능력에 자부심을 느끼는 것을 봤다. 앱이나 웹사이트를 제작하는 능력은 매우 소수의 사람들만 할 수 있는 일이다. 그리고 인생에 많은 잠재적 가능성을 선사한다. 내 인생은 이를 통해 완전히 바뀌었고 여러분에게도 같은 일이 일어날 수 있다.

02

코딩이란
무엇인가

내 마음대로 작업을 지시한다

이전에 프로그래밍을 해본 적이 없는 사람에게 코딩은 신비로운 예술과 같다. '코더'는 컴퓨터를 마음대로 조종해서 자신이 원하는 대로 움직이게 하는 사람이다(대체로 헤드폰을 쓰고 전자음악을 들으며). 하지만 실제 전체 과정은 훨씬 간단하다.

한마디로 코딩은 컴퓨터(혹은 태블릿, 스마트폰, 스마트시계)에게 어떤 작업을 지시하는 글을 한 줄씩 써 내려가는 과정이다. 이보다는 약간 더 복잡하기는 하다. 이제 필요한 배경지식을 알아보자.

컴퓨터가 움직이게 만드는 기본 전자 부품은 반도체다. 1, 즉 도체(전기가 통하는 상태)와 0, 즉 부도체(전기가 통하지 않는 상태)를 오가는 작은 전자 부품이다. 현재 컴퓨터 처리장치에는 대략 20억 개의 반도체 소자가 있다. 매 초당 30억 번가량 도체와 부도체 사이를 오간다. (그런데 호모 사피엔스의 뇌는 1000억 개의 뉴런으로 1초당 1000번의 신호가 오간다. 인간의 뇌를 시뮬레이션 하는 단계에 꽤 근접해가는 중이다.)

이 말은 컴퓨터가 1과 0 사이를 오가며 '생각'을 한다는 뜻이다. 1

은 도체 또는 참, 0은 부도체 또는 거짓을 의미한다고 가정한다. 컴퓨터 산업의 초창기에는 컴퓨터와 대화하는 방법이 일련의 0과 1을 입력하는 방법뿐이었다. 물론 이는 무척 실용적이지 못했다. 그래서 점차 컴퓨터 '언어'가 개발되었다. 사람들은 이 언어를 이용해 컴퓨터에게 보다 편리한 방법으로 지시할 수 있다.

컴퓨터 언어는 영어나 스페인어와 같은 인간의 언어와 유사하다. 각 컴퓨터 언어에는 특정 명령어(단어)와 문법(구두점)이 있다. 이를 통해 인간과 컴퓨터가 함께 의미를 이해한다. 그런데 컴퓨터와 인간의 언어에는 중요한 차이가 있다. 컴퓨터 언어는 의미가 절대적으로 간결하고 명확하다. 반면 인간의 언어는 여러 의미로 해석될 수 있다. 만약 명령어의 철자를 틀리거나 세미콜론을 빼먹으면 전체 코드가 돌아가지 않는다. 사람들이 나누는 대화와는 다르다. 컴퓨터는 철자와 문법에 극도로 민감하다.

이런 명확성 때문에 코드를 올바르게 작성하면 코드에 따라 컴퓨터가 정확하게 명령을 수행할 거라고 확신할 수 있다. 인간의 대화에서는 뜻밖의 결과가 나오기도 하지만 좋든 싫든 컴퓨터는 항상 정확하게 명령한 바를 수행한다.

코딩 없이도 컴퓨터를 잘 다룰 수 있다고요

'나는 코딩을 모르지만 컴퓨터와 전화기로 하고 싶은 것은 다 할 수 있어요'라고 생각할 수도 있다. 지난 30여 년간 윈도우나 맥OS(그리고 모바일 기기의 안드로이드와 iOS)와 같은 사용하기 편리한 운영체제들은 코드를 작성하지 않고도 컴퓨터를 다룰 수 있게 했다. 그래픽 사용자 인터페이스^{GUI, Graphical User Interfaces}가 발전해서 누구든지 컴퓨터와 전화기를 바로 사용할 수 있다. 이는 이용 편의성 측면에서는 큰 발전이다. 하지만 많은 사람이 워드나 크롬 같은 일상적 소프트웨어를 넘어서 자신의 손가락 끝으로 만들어낼 수 있는 가능성을 깨닫지 못하게 했다.

사람들이 사용하는 모든 소프트웨어는 누군가 아니면 대개는 한 그룹의 사람들이 코드로 쓴 것이다. 시리^{Siri}(애플의 음성 인식 서비스–옮긴이)에게 말을 걸거나 브라우저에 웹 주소를 입력할 때마다 몇 줄의(혹은 수천 줄의) 코드가 질문에 대답하기 위해 또 웹사이트를 출력하기 위해 실행된다. 여기에 마술 같은 것은 없다. 그저 수천 명의 개발자가 들인 노고와 명령대로 움직이는 수십억 개의 반도체가 있을 뿐이다.

코드를 배우면 이런 반도체를 통제하는 절대 권력을 손에 쥔다. 자신만의 소프트웨어를 만들어 명령을 내리고 자동화를 통해 시간을 절약할 수 있다. 이미 보유한 장비를 완전히 새로운 방식으로 이용할 수 있다.

간단한 코딩으로 워밍업

이제 이론은 충분하다. 실습을 하자. 자신의 브라우저에 다음 주소를 입력한다. https://repl.it/languages/python3 이 웹사이트에서 파이썬(몬티 파이썬에서 유래했다. 뒤에서 각 개별 언어를 다룰 때 더 알아보자)이라 불리는 컴퓨터 언어를 코딩할 수 있다. 그러면 파이썬은 코드를 컴파일한다(이는 기본적으로 컴퓨터가 이해할 수 있게 0과 1로 바꾸는 작업이다). 그리고 결과를 우리가 알아볼 수 있게 출력한다.

가운데 화면에 아래 코드를 입력해보자.

```
print("Hello World")
```

이제 'run' 버튼을 클릭해서 코드를 컴파일하고 실행한다.

오른쪽 화면의 검은색 박스에 'Hello World'라는 문구를 볼 수 있어야 한다. 성공! 이제 'print'의 철자를 틀리게 쓰거나 괄호 하나를 빼보자. 그런 후 코드를 실행하면 아래와 같이 오류가 발생한다.

```
NameError: name 'prin' is not defined
```

이를 통해 얼마나 정확하게 코드를 작성해야 하는지를 알 수 있다. 컴퓨터는 코더가 의미하려는 바를 '최대한 가깝게 추측'하려는 행위 따위는 하지 않는다. 아주 살짝만 코드를 틀려도 아무런 결과를 얻을 수 없다. 첫 번째 교훈이다!

약간 더 복잡한 코딩을 해보자. 아래 코드를 살펴보고 무슨 작업을 수행할지 예측해보자.

```
for x in range(1, 11):
        print(x)
```

이제 앞서 쓴 코드를 지우고 위에 적은 코드를 입력한다. 만약 오류가 발생하면 입력한 코드를 매우 주의 깊게 점검한다. 코드를 정확하게 똑같이 입력해야 한다.

(주의 : 프린트 명령은 탭 키를 사용해서 들여 써야 한다. 첫 줄을 정확하게 기입하고 엔터키를 눌렀다면 웹

사이트가 자동적으로 두 번째 줄을 들여쓰기 준비한다. 만약 그렇지 않다면 탭 키를 눌러서 들여쓰기해라.)

　예상한 결과가 나왔는가? 'for'는 'loop'라 불리는 어떤 작업을 시작하는 명령어다. 이는 일련의 코드를 수회 반복 집행한다. 'x'는 변수다. 어떤 값을 나타내는데 여기서는 숫자다. 'range(1, 11)' 부분은 x를 1, 2, 3, … 10까지 반복해서 실행한다(loop). 놀랍게도 이 명령에서 11은 실행되지 않는다. 마지막으로 'print(x)' 부분은 변수의 값을 출력한다. 그래서 간단하게 1부터 10까지의 숫자가 출력된다.

?!

도전 과제

위 코드를 10부터 20까지의 숫자가 출력되게 바꿀 수 있는가?
해답 : 코드를 아래와 같이 바꿔야 한다.

```
for x in range(10, 21):
        print(x)
```

　위와 같이 했다면 성공이다!

　1부터 10까지의 숫자를 출력하는 것이 제2의 스냅챗이나 우버의 주인공이 되는 일과는 거리가 멀어 보일 수 있지만 모든 코더가 여기서 출발한다. 소리 인식 프로그램과 같은 복잡한 소프트웨어에도 똑같은 원리가 적용된다.

프로그램 언어가 다양한 이유

새로 코딩을 배우는 사람들이 자주 하는 질문은 어떤 프로그래밍 언어를 배워야 하는가이다. 그리고 이 질문은 왜 그렇게 많은 언어가 있는지로 이어진다. 인간의 언어는 수천 년에 걸쳐 각자 다른 지리적 위치와 문화 속에서 다양하게 발전했다. 컴퓨터 언어의 경우에는 보다 의도적으로 개발됐다. 이는 각각의 언어가 자기만의 목적이 있다는 의미다. 모든 언어에 대해 전문가가 될 필요는 없다. 정말 위대한 프로그래머도 하나의 언어만 아는 경우가 많다. 그렇다고 해도 언어가 활용되는 각각의 맥락은 이해해야 한다.

나중에 더 자세히 다루겠지만 지금은 일단 코드로 만들 수 있는 소프트웨어에는 크게 3가지 형태가 있다는 것을 기억해두자. 첫 번째 형태는 우리가 앱이라고 부른다. 앱은 코드를 기기(대체로 컴퓨터, 스마트폰, 태블릿)에 저장한다. 그리고 기기에서 운용된다. 엑셀이나 메일 클라이언트, 또는 파이어폭스Firefox 같은 브라우저가 앱이다. 앵그리버드 같은 게임일 수도 있고, 전화기의 노트 앱 같은 유틸리티일 수도 있다. 사람들이 소프트웨어를 이야기할 때 대부분 앱을 의미한다. 가장 이해하기 쉬운 형태다.

다음은 웹사이트를 보여주는 코드다. 이는 대개 기기에 저장되지 않는다. 웹사이트를 열 때마다 매번 새롭게 다운로드된다. 브라우저(크롬, 사파리, 파이어폭스 등 이것 자체는 앱이다)는 웹사이트를 보여주기 위해 코드를 다운로드 받아 처리한다. 이는 클라이언트 사이드 코드client-side code라고 부른다. 이는 클라이언트 컴퓨터나 전화기, 즉 사용자의 기기에서 처리되기 때문이다.

마지막으로 서버에서 실행되는 *서버 사이드 코드*^{server-side code}다. 서버는 인터넷에 항상 연결되어 있는 강력한 컴퓨터와 같다. 이메일은 서버에 저장된다. 트위터 피드도 마찬가지다. 웹사이트에 로그인하기 위해 사용자명과 패스워드를 서버로 보내면 서버 사이드 코드가 실행되어 맞는지를 확인한다. 맞는다면 올바른 페이지가 화면에 출력되고 그렇지 않다면 오류 메시지가 출력된다.

3가지 유형의 소프트웨어에 따라 사용 가능한 언어들이 있다. 이런 언어들의 이름을 모두 알아야 할 필요는 없다. 이 책을 통해 대부분의 언어와 친숙해지긴 하지만 각 유형에서 가장 많이 사용되는 언어 정도만 알아둬도 충분하다.

앱을 만들기 위한 언어

앱은 일반적으로 특정 플랫폼에 맞춰 제작된다. 그런 플랫폼에는 데스크톱을 위한 윈도우, 맥OS, 리눅스 또는 모바일 기기를 위한 iOS(아이폰이나 아이패드) 그리고 안드로이드(안드로이드폰이나 태블릿) 등이 있다. 다른 플랫폼도 있지만 이 정도가 지금 가장 대중적이다.

모바일 플랫폼에는 각자만의 언어가 있다. iOS를 개발할 때는 전통적인 오브젝티브-C^{Objective-C}라는 언어를 사용했다. 하지만 애플은 2014년에 스위프트^{Swift}라 불리는 새로운 언어를 도입했다. 지금 더 많이 쓰이고 있고 이 책에서도 이 언어를 사용한다. 안드로이드는 자바(주의 : 자바는 자바스크립트^{JavaScript}와 관련이 없다)를 기본 언어로 채택했다. 다른 언어도 사용 가능하지만 초보자에게 추천하지는 않는다.

윈도우에서 대부분의 프로그램은 C++를 사용한다. 이는 오브젝티브-C와 관련이 있는 언어다(두 언어 모두 C라고 알려진 초기 프로그래밍 언어에서 유래했다). 일부 앱은 C#이라는 언어를 사용하는 .NET라는 플랫폼에 쓰인다. 이 언어 역시 C언어에서 파생됐다. 모바일 플랫폼에 비해 윈도우를 위한 언어와 개발도구들이 훨씬 종류가 다양하다. 여러 언어 중에서 윈도우 프로그램을 개발하기 위해 자바와 파이썬을 사용한다.

맥OS는 iOS와 마찬가지로 오브젝티브-C와 스위프트가 기본 언어다. 리눅스는 개방적인 특성이 있어 거의 모든 언어를 사용할 수 있다. 자바, 파이썬 그리고 인기 있는 다른 2가지 언어인 펄^{Perl}과 루비^{Ruby}도 포함된다.

대부분 새로운 개발자들은 모바일 앱에 집중한다. 그래서 이 책에서도 안드로이드와 iOS 개발(즉, 자바와 스위프트)에 집중할 생각이다. 이를 배우면 다른 언어로 옮겨 가는 것도 그리 어렵지 않다.

클라이언트 사이드 언어

웹사이트 구축을 위해서는 3가지 핵심 언어가 필요하다. 이를 통해 사이트의 모양과 기능을 만든다. 첫째는 사이트의 콘텐츠를 제어하는 HTML이다. 둘째는 폰트, 컬러, 레이아웃 같은 스타일을 결정하는 CSS^{Cascading Style Sheets}이다. 세 번째는 사용자와의 상호작용에 따라 동적으로 사이트의 콘텐츠와 스타일을 바꿔주는 자바스크립트이다. 이 3가지 언어는 클라이언트 사이드 또는 프론트엔드^{front-end} 개발에서는 피해갈 수 없다. 이 책도 위의 3가지 언어로 시작한다.

서버 사이드 언어

지금까지 웹사이트의 서버 사이드(또는 백엔드)에 사용된 가장 대중적인 언어는 PHP^{Hypertext Preprocessor}였다. 현재 웹사이트의 약 80%가 이 언어로 작동된다. 하지만 다른 옵션도 있다. 파이썬이나 루비^{Ruby}라 불리는 언어도 있다. 또한 서버 소프트웨어에 쓰기 위해 펄, 자바 그리고 스위프트를 사용할 수도 있다.

휴! 정말 많은 언어들이 있다. 하지만 앞서 말했듯이 이런 이름들을 모두 기억할 필요는 없다. 아직 어떤 언어를 배워야 하는지 모르겠다면 우선 무엇을 하려는지 생각해라. 웹사이트를 구축하려면 HTML, CSS, 그리고 자바스크립트가 필수다. 백엔드를 생각한다면 나는 파이썬을 추천하겠다(가장 쉽게 배울 수 있는 언어다). 그리고 PHP가 필요할 수 있다. 모바일을 위한 개발을 생각한다면 iOS에는 스위프트를, 안드로이드에는 자바가 최선의 선택이다.

현재 시점에서 코딩으로 무엇을 할지에 대한 구체적인 계획이 없다면 그저 이 책을 따라오면 된다. 주요 언어들을 배워가면서 자신이 집중하고 싶은 분야를 찾을 수 있다.

Summary Note

코딩이란 무엇인지 그리고 여러 종류의 플랫폼과 언어에 대해 살펴봤다. 이제 시동을 걸어보자.

다음 장에서는 프론트엔드front-end 웹 개발을 위한 주요 언어들인 HTML, CSS, 자바스크립트 그리고 백엔드를 위한 언어인 파이썬을 살펴보겠다. 이를 통해 다른 프로그래밍 스타일과 기법에 대한 기초 지식과 자신의 웹사이트를 관리하고 만드는 능력을 키울 수 있다.

PART 02

코딩에
쓰이는
언어

이 책을 활용하는 데 필요한 소프트웨어는 한 가지다.

바로 텍스트 에디터다.

이를 통해 모든 프로그램 언어를 만들고 편집할 수 있다.

어떤 종류의 텍스트 에디터든지 사용할 수 있지만

www.brackets.io에서 브라켓Brackets을 다운로드받아 사용할 것을 추천한다.

HTML

웹을 위한 언어인 HTML을 살펴보며 코딩 여행을 시작해보자. 일단 다음과 같은 사항을 익힐 수 있다.

- HTML이 무엇이고 어디에 쓰이는지,
- 간단한 웹사이트를 관리하고 업데이트하는 법,
- 텍스트 편집기에서 HTML을 편집하고 브라우저에서 즉시 결과를 확인하는 법,
- 패러그래프와 헤더, 리스트와 이미지, 폼과 테이블과 같은 기본 HTML 구성요소를 사용하는 법을 배운다.

HTML이란 무엇인가

HTML은 'HyperText Markup Language'의 약자다. 모든 웹사이트를 기술하는 언어이다. 하이퍼텍스트는 다른 HTML 페이지로 연결되는 링크를 포함할 수 있다. 웹을 정의하는 기본 원칙 중 하나다.

1980년대 후반 팀 버너스 리$^{Timothy\ John\ Berners\ Lee}$가 흔히 말하는 월드 와이드웹$^{World\ Wide\ Web}$을 개발하던 중 HTML을 만들었다. 그는 자신만의 기록을 체계적으로 정리하기 위해 HTML을 만들었지만 곧 다른 사람들과 이 문서들을 공유하기를 원했다. 웹이 커져가면서 버너스 리의 언어가 매우 훌륭한 기능을 발휘해 다른 사람들도 텍스트, 폼, 이미지와 더불어 링크에 대한 포맷에까지 이를 사용했다.

HTML 성공의 또 다른 측면 중 하나(이 책에 나오는 다른 언어들과 마찬가지로)는 버너스 리가 누구나 무료로 사용할 수 있게 했기 때문이다. 웹이 그렇게 빠르게 성장하고, 오늘날까지 누구나 비용 걱정 없이 전문가들과 같은 도구를 사용할 수 있는 이유다. 고마워, 팀!

왜 HTML을 배우는가

엄격하게 말해서 HTML은 코딩 언어가 아니라 마크업 언어(문서 처리를 지원하기 위해 문서에 추가되는 정보-옮긴이)이다. 즉, HTML을 이용해서 웹사이트의 내용과 배열은 바꿀 수 있지만 사용자와 상호작용하는 데는 한계가 있다(그래서 HTML만을 이용해서 트위터를 만들 수는 없다).

이런 특징 때문에 코딩을 배우는 여정에서 HTML이 가장 좋은 출발지다. 이해하기 쉽고 간단한 웹사이트를 바로 구축해볼 수 있으며 자신이 관리하는 사이트를 바꿔볼 수 있기 때문이다. 회사 웹사이트에 오류가 발생하면 굳이 IT 부서의 기술자에게 연락하는 번거로움 없이 스스로 수정할 수 있다.

이 책의 뒷부분에서 HTML을 자바스크립트와 결합해서 사이트의 페이지에 동적인 기능을 추가하는 법을 살펴볼 것이다.

필요한 소프트웨어

이 책을 활용하는 데 필요한 소프트웨어는 한 가지다. 바로 텍스트 에디터다. 이를 통해 모든 프로그램 언어를 만들고 편집할 수 있다.

어떤 종류의 텍스트 에디터든지 사용할 수 있지만 www.brackets.io 에서 브라켓Brackets을 다운로드받아 사용할 것을 추천한다. 이는 윈도우, 맥 그리고 리눅스에서 모두 사용할 수 있고 오픈 소스이며 무료다. 코딩에 대한 자동 하이라이트와 들여쓰기 기능이 있고 HTML을 즐겁게 만들 수 있다. (주의 : 브라켓 다운로드할 때 함께 묶여 있는 번들 프로그램은 필요하지 않을 수 있다. 그런 경우에는 'Download Brackets Without Extract' 링크를 클릭해라.)

3-1

브라켓을 다운받은 후

브라켓을 설치하면 다음과 같은 화면이 보인다.

3-2

브라켓은 index.html이라는 HTML 파일을 생성한다. 코드를 작성
하기 전에 HTML의 기본사항을 익히는 데 이용할 수 있다.

이 HTML 파일이 자신의 브라우저에서 어떻게 보이는지 파일의
'실시간 미리보기'를 클릭하여 확인할 수 있다. 기본 브라우저를 통해
아래와 같은 화면이 열린다.

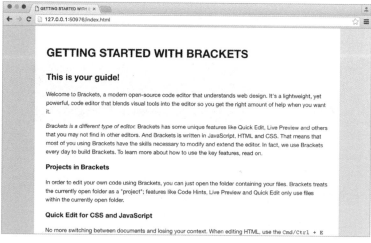

3-3

코딩할 때 텍스트 에디터(브라켓)와 브라우저를 화면에 동시에 열어 놓는 것이 좋다. 아래 그림과 같이 각각 화면의 절반을 차지하도록 크기를 조절한다.

3-4

이제 재미있어진다. 브라켓 창의 '이것은 당신의 가이드입니다.'에서 마침표를 지워보라. 왼쪽 브라우저 창에서 아래와 같이 즉시 업데이트되는 것을 볼 수 있다.

3-5

잘했다. 첫 번째 HTML 편집이다. 오른쪽 화면의 코드를 바꾸면 왼쪽의 웹페이지에 어떤 영향을 미치는지 마음껏 실험해보라[뭔가 잘못될까 걱정할 필요는 없다. 언제든 ctrl-z를 사용해 되돌릴 수 있다(맥은 cmd-z)].

재미있다. 하지만 HTML이란 정확하게 무엇일까?

이제 HTML 코드에 대해 더 자세히 살펴보자. 모든 HTML 명령어는 꺾쇠표(《 and 》) 안에 위치한다. HTML 문서를 브라우저가 어떻게 포맷하고 보여줄지를 결정한다. 꺾쇠표 안의 모든 내용을 *태그*^{tag}라고 부른다. 브라켓이 제공하는 위 기본 HTML 문서를 더 자세히 살펴보자.

```
• index.html (Getting Started) — Brackets
1   <!DOCTYPE html>
2 ▼ <html>
3
4 ▼   <head>
5         <meta charset="utf-8">
6         <meta http-equiv="X-UA-Compatible" content="IE=edge">
7         <title>GETTING STARTED WITH BRACKETS</title>
8         <meta name="description" content="An interactive getting started guide
    for Brackets.">
9         <link rel="stylesheet" href="main.css">
10    </head>
11 ▼  <body>
12        |
13        <h1>GETTING STARTED WITH BRACKETS</h1>
14        <h2>This is your guide</h2>
15
16 ▼      <!--
17            MADE WITH <3 AND JAVASCRIPT
18          -->
19
20 ▼      <p>
21            Welcome to Brackets, a modern open-source code editor that
    understands web design. It's a lightweight,
22            yet powerful, code editor that blends visual tools into the editor
    so you get the right amount of help
23            when you want it.
24        </p>
25
26 ▼      <!--
27            WHAT IS BRACKETS?
28          -->
29 ▼      <p>
30            <em>Brackets is a different type of editor.</em>
31            Brackets has some unique features like Quick Edit, Live Preview
    and others that you may not find in other
32            editors. And Brackets is written in JavaScript, HTML and CSS. That
    means that most of you using Brackets
33            have the skills necessary to modify and extend the editor. In
    fact, we use Brackets every day to build
34            Brackets. To learn more about how to use the key features, read
    on.
35        </p>
36
37 ▼      <!--
38            GET STARTED WITH YOUR OWN FILES
Line 12, Column 9 — 207 Lines                    INS   HTML ▼  ○   Spaces: 4
```

3-6

아래와 같이 코드를 시작한다.

```
<!DOCTYPE html>
```

이것은 브라우저에 아래의 내용이 HTML 문서이며 그에 따라 처리하라고 말하는 표준적인 명령어다. 앞으로 만들 모든 HTML 문서의 처음에 이 내용을 넣는다.

다음으로 〈html〉 태그가 나온다. 이는 코드의 시작을 표시한다. 내용의 아래쪽으로 내려오면 대응하는 〈/html〉 태그를 찾을 수 있다. 여기서 '/'는 '끝부분의'라는 의미다. 그래서 〈/html〉은 코드의 HTML 부분이 여기서 끝난다는 것을 표시한다.

다음에 〈head〉가 나온다. 이는 HTML 문서의 '헤더header'다. 타이틀, 문서 정보, 문자 세트(글자, 숫자, 특수 기호 등의 집합, 이 경우에는 UTF-8)와 같은 문서에 대한 정보를 담는다. 그리고 다음 장에서 살펴볼 스타일시트에 대한 링크도 포함한다.

> 퀴즈 : 어디서 〈head〉 부분이 끝나는가?
> 해답 : 〈/head〉이 나오는 곳.

헤더 부분 이후에 〈body〉 태그가 나온다. HTML 본문 내용의 시작부를 가리킨다. 여기가 웹페이지의 모든 내용이 들어갈 장소다. 이 부분 안쪽에 수많은 종류의 태그가 위치한다. 간략하게 더 상세한 내용을 살펴보자. 2가지 핵심 태그는 다음과 같다.

- 〈h1〉 — 대표 제목이다. 브라우저 창에서 텍스트가 크기가 큰 볼드체로 나타난다. 여러 제목 사이즈가 있다. h1, h2, h3 등 다양한 크기 중에서 선택하여 사용한다.

> **퀴즈 :** 〈h1〉 태그를 다른 제목 사이즈로 바꿔보라. 다른 제목 사이즈가 몇 개 있는가?
> **해답 :** 6개(h7, h8 등은 단지 기본 텍스트를 보여준다)

- 〈p〉 — 문단 태그다. 기본 텍스트를 위해 사용한다. 연속적인 문단은 웹 페이지에 작은 간격으로 구분된다.

여기까지다. 새로운 태그를 배우기에 앞서 여기까지가 HTML 페이지가 어떻게 기능하는지 알기 위해 필요한 전부다. 〈!DOCTYPE html〉로 HTML 파일이라고 문서를 규정하고 HTML 전체를 〈html〉과 〈/html〉 태그 사이에 담는다. 그 안에 2가지 부분이 있다. 〈head〉 부분에는 제목과 문서 정보와 같은 내용을 담고, 〈body〉 부분에는 페이지의 내용을 담는다.

HTML 페이지가 어떻게 기능하는지 살펴봤다. 이제 자신만의 웹 페이지를 만들어보자.

?! 도전 과제 1

내가 만든 첫 번째 웹페이지

코드를 배우는 최고의 방법은 실제로 해보는 것이다. 이제 자신만의 웹페이지를 만들어보자. 핵심 내용을 기억하기 위해 브라켓의 코드를 전체적으로 살펴보고 ctrl-A(맥의 경우 cmd-A)를 이용해 전체 내용을 선택한다. 그리고 딜리트(Delete) 키로 전체 내용을 삭제한다.

이제 실전 연습이다. 가능하면 암기를 통해 'My first webpage'라는 제목으로 HTML 문서를 만들어라(문서 정보나 문자 세트를 규정할 필요는 없다). 그리고 문단 태그를 이용해 'Hello World!'를 내용으로 넣어라. 행운을 빈다!

끝마치면 완성한 코드를 CC 1 에 복사하여 맞았는지 확인한다.

최종 웹페이지는 아래와 같은 모습이어야 한다.

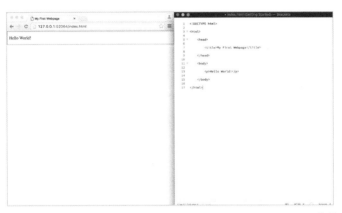

3-7

```
<!DOCTYPE html>
<html>
    <head>
        <title>My First Webpage</title>
    </head>
    <body>
        <p>Hello World!</p>
    </body>
</html>
```

텍스트 포맷

여기까지 기본적인 HTML 페이지를 어떻게 구성하는지 익혔다. 이제 웹페이지의 내용을 원하는 모양으로 만들 수 있는 구체적인 태그들을 살펴보자.

텍스트 포맷을 시작해보자. 브라켓의 'Hello World' 문단 밑에 아래의 코드를 넣는다.

```
<p><strong>This text will be bold</strong></p>
```

'strong' 태그는 볼드체를 지시한다.

퀴즈 : strong 태그를 이동시켜서 'text'만 볼드체로 만들어라.
해답 : ⟨p⟩This ⟨strong⟩text⟨/strong⟩ will be bold⟨/p⟩

이제 아래 코드를 사용해서 새로운 문단을 만들어라.

```
<p><em>This text will be italic</em></p>
```

'em' 태그는 강조(emphasis)의 줄임말로 이탤릭체 지시어다.

이는 기본적인 HTML 포맷 태그의 편리한 참고노트로 활용될 수

있다.

(주의 : 관련 코드들을 formatting.html이라고 이름을 붙여 별도 파일로 컴퓨터에 저장한다. 나중에 요긴하
게 참조할 수 있다.)

퀴즈 : ⟨sup⟩, ⟨sub⟩, ⟨del⟩ 태그를 이용하여 문단을 추가해보라. 텍스트에
      어떤 효과가 나타나는가?
해답 : ⟨sup⟩는 위 첨자, ⟨sub⟩는 아래 첨자 효과이고 ⟨del⟩는 텍스트
      중간에 삭제선이 그어진다.

아래와 같이 보이는 웹페이지가 나타나야 한다.

3-8

실전 연습

CC 5 의 텍스트에 각 태그를 이용하여 텍스트를 포맷하라.

HTML 목록

이제 HTML 태그에 대해 좀 더 심화 학습을 해보자. 목록을 만드는 것부터 시작하자. HTML 문서의 ⟨body⟩ 태그의 내용을 삭제하고 아래 코드를 써넣어라.

```
⟨ul⟩
    ⟨li⟩Red⟨/li⟩
    ⟨li⟩Yellow⟨/li⟩
    ⟨li⟩Blue⟨/li⟩
⟨/ul⟩
```

⟨ul⟩ 태그는 '순서 없는 리스트(unordered list)'의 줄임말이고 ⟨li⟩ 태그는 '리스트 항목(list items)'의 줄임말이다. 이를 통해 아래와 같은 중요 표시 항목들이 만들어진다.

- Red
- Yellow
- Blue

> **퀴즈 :** ⟨위 코드에서 'ul'을 'ol'로 바꿔라. 어떤 효과가 나타나는가? 'ol'은 어떤 단어의 줄임말이라고 생각하는가?
> **해답 :** ol은 '순서가 있는 항목(ordered list)'의 줄임말이다. 그리고 아래와 같이 번호가 매겨진 항목으로 표시된다.

1 Red

2 Yellow

3 Blue

⟨ul⟩과 ⟨ol⟩ 태그는 정보를 항목으로 표시할 때 유용하게 쓸 수 있다. 아래 주소의 위키디피아에 나와 있는 'List of lists of lists' 페이지에서 각 태그들의 효과를 확인해라.

https://en.wikipedia.org/wiki/List_of_lists_of_lists

모든 웹사이트에서 HTML 문서 조회하기

브라우저에서 https://en.wikipedia.org/wiki/List_of_lists_of_lists 페이지를 열어라. 그리고 사이트에서 마우스의 오른쪽 버튼을 클릭하고 '페이지 소스 보기' 또는 이와 유사한 표현을 선택해라. 아마도 아래와 같은 내용을 볼 수 있을 것이다.

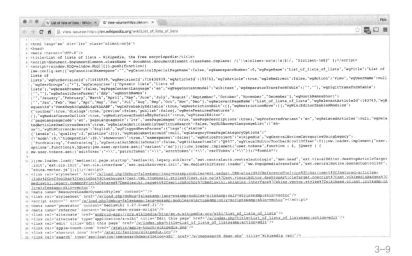

3-9

대부분 무슨 말인지 하나도 파악하기 어렵지만 자세히 살펴보면 우리가 배운 〈html〉, 〈head〉, 〈title〉 등의 HTML 구성요소를 찾아볼 수 있다.

아래로 내려오면 〈ul〉과 〈li〉 태그를 찾을 수 있다. 화면을 나누어 이 코드를 웹페이지의 리스트와 비교해보라. 창을 나란히 배치하면 아래와 같다.

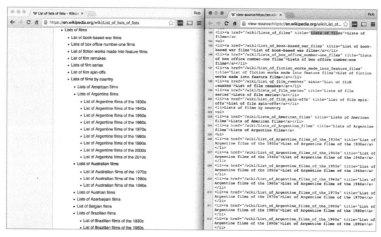

3-10

어떻게 〈ul〉과 〈li〉 태그가 왼쪽 화면의 다양한 목록들과 대응되는지 알 수 있다. 다른 웹페이지도 이런 방식으로 살펴보면 HTML 코드가 웹페이지 자체와 어떻게 연결되는지를 알 수 있다. 모든 웹사이트에서 다 가능하지만 간단한 구성의 www.example.com을 추천한다. (주의 : www.google.com의 코드는 현시점에서 추천하지 않는다. 이유를 알고 싶다면 직접 확인해보라!)

이미지 추가

웹페이지에 이미지를 아주 간단하게 추가할 수 있다. 새로운 HTML 개념인 어트리뷰트attributes를 알아야 한다. 태그에 덧붙여지는 정보로 브라우저에게 이미지를 어떻게 보여줄지를 알려준다. 예를 들어 이미지를 올리려면 아래와 같은 코드를 이용한다.

```
<img src="image.jpg">
```

〈img〉 태그는 이미지(image)의 줄임말이다. 'src' 부분은 소스(source)의 줄임말이다. 기본적으로 브라우저에게 어디서 이미지 파일을 가져와서 보여줄지 말하는 내용이다. 또 〈img〉 태그는 〈/img〉 태그 없이 그 자체로 끝난다는 점을 주목한다.

> **퀴즈** : 웹페이지에 〈img src="image.jpg"〉 코드를 넣어라. 무슨 효과가 발생하는가, 그리고 이유는 무엇인가?
> **해답** : 아마도 깨진 이미지 기호가 나타날 것이다. image.jpg라는 파일이 존재하지 않기 때문이다.

위 코드를 아래와 같이 바꿔보아라.

```
<img src="http://completewebdevelopercourse.com/star.png">
```

인터넷이 연결되어 있고 코드에 오자가 없다면 다음의 그림을 볼 수 있다.

3-11

축하한다. 방금 웹페이지에 이미지를 추가했다. 링크 첫 부분의 http://는 이미지를 인터넷에서 가져온다는 의미다. 그러니 컴퓨터에 이미지를 따로 저장할 필요조차 없다.

높이와 너비 정보를 추가해서 이미지를 조정할 수도 있다. 아래 코드를 브라켓에 넣어보라.

```
<img src="http://completewebdevelopercourse.com/star.png"
height=300 width=400>
```

아래와 같은 그림이 출력된다.

3-12

별 이미지의 높이와 너비는 300픽셀, 400픽셀이 된다.

실전 연습

CC 6 의 이미지를 추가하고 사이즈를 조정하라.

이제 어트리뷰트와 종결 태그에 대해서도 친숙해졌다. 이제 더 복잡하고 강력한 HTML의 기능인 폼으로 옮겨가 보자.

폼

폼은 문서의 서식으로, 웹의 모든 곳에 존재한다. 웹사이트에 사용자가 정보를 입력하고 쌍방향으로 작동하게 해주는 간단하지만 효과적인 방법이다.

텍스트 박스

텍스트 박스에 사용자가 이름이나 패스워드 같은 텍스트를 입력할 수 있다. 아래 코드를 입력하고 결과를 살펴보자.

```
<input type="text">
```

박스 안에 텍스트를 넣어보자. 아래와 같이 나와야 한다.

3-13

> 퀴즈 : 이번 input 태그에서 어트리뷰트의 이름과 값은 무엇인가?
> 해답 : 〈어트리뷰트의 이름은 'type'이고 값은 'text'이다.

이를 통해 사용자가 클릭하여 텍스트를 넣을 수 있는 간단한 입력 박스가 만들어진다. 예를 들어 이를 사용하여 접속 페이지에 사용자가 이메일 주소를 넣을 수 있다.

> 퀴즈 : 입력 형태를 'password'로 바꾸면 결과가 어떻게 바뀌는가?
> 해답 : 〈input type="password"〉라는 코드를 시험해보라. 형태는 같아
> 보이지만 박스 안에 내용을 넣으면 숨겨진 형태로 표시된다.
> 패스워드에 필요한 일이다!

체크박스 만들기

'input' 태그를 사용해 다른 형태의 폼을 추가할 수 있다. 아래 코드를 추가해보자.

```
<input type="checkbox">Tick this checkbox
```

이를 통해 사용자가 옵션 선택을 원할 때 체크 표시를 할 수 있는 작은 박스가 만들어진다.

실전 연습

사용자가 '빨강', '파랑', '녹색' 중에서 좋아하는 색을 고를 수 있도록 체크박스 3개를 만드는 코드를 추가해보라.
코드는 아래와 같아야 한다.

```
<p><input type="checkbox">Red</p>
<p><input type="checkbox">Blue</p>
<p><input type="checkbox">Green</p>
```

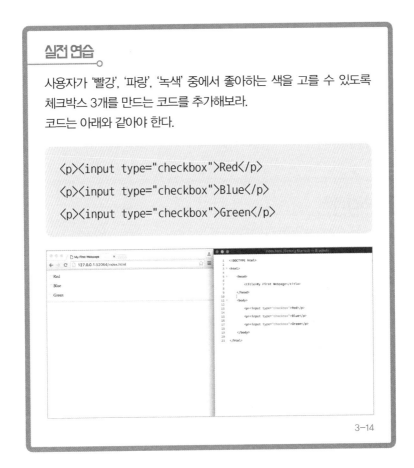

3-14

라디오 버튼 만들기

체크박스는 사용자의 의사에 따라 하나 이상 체크할 수 있다는 점에 주목해라. 대신 사용자가 하나의 선택만 하게 만들려면(예를 들어 옷의 크기를 고른다면) *라디오* 입력 타입을 사용할 수 있다.

```
<p><input type="radio" name="size">Small</p>
<p><input type="radio" name="size">Medium</p>
<p><input type="radio" name="size">Large</p>
```

위 코드를 실행하면 하나의 선택만 할 수 있다. 또한 선택을 하고 나면 이를 해제할 수 없다. 그래서 하나를 선택한 후엔 다른 항목을 선택해서 이를 옮길 수 있다.

실전 연습

아래의 경우에 체크박스와 라디오 버튼 중 어느 것을 사용할지 설명 해라.

1 사용자에게 뉴스레터에 가입할지를 물어보는 경우.

2 사용자에게 커피와 녹차 중 어느 것을 원하는지 물어보는 경우.

3 사용자에게 항목 중에서 어느 나라를 여행한 경험이 있는지 물어보 는 경우.

해답

1 체크박스 — 사용자가 의사에 따라 선택할 수도 있고 이를 해제할 수도 있다.

2 라디오 — 사용자가 하나의 선택만 해야 한다.

3 체크박스 — 그들이 원하는 개수(혹은 선택하지 않는 경우를 포함하여) 를 선택할 수 있어야 한다.

드롭다운 메뉴 만들기

사용자가 일정 범위의 옵션 중에서 선택할 수 있도록 드롭다운 항목을 만들고 싶다면 select 를 사용한다. 이는 아래와 같다.

```
<select>
    <option>1</option>
    <option>2</option>
    <option>3</option>
</select>
```

텍스트 편집기에 이를 시험해보라. 아래와 같은 결과를 얻어야 한다.

3-15

이 코드는 'input'보다 약간 더 복잡하다. 하지만 어렵지는 않다. ⟨select⟩ 태그는 드롭다운 메뉴를 제공한다. 이 태그를 이용해 드롭다운 박스 안에 각각의 옵션을 ⟨option⟩ 태그로 삽입할 수 있다.

퀴즈 : ⟨/option⟩ 태그의 역할은 무엇인가?
해답 : option 태그를 종결한다. 그리고 다른 옵션들을 추가할 수 있고 또는 ⟨/select⟩를 사용하여 드롭다운 메뉴를 종결할 수 있다

텍스트 영역

사용자가 일정 텍스트를 입력하기 위해 작은 박스 이상이 필요할 때는 어떻게 할 것인가? 여기서 'text area'가 나온다. 아래와 같이 추가해보라.

```
<textarea></textarea>
```

이를 실행하면 줄 수를 바꿔가며 텍스트를 입력할 수 있는 큰 박스가 나타난다. 'input'과 달리 'text area' 태그는 그 자체로 종결하지 않는다. 그래서 </textarea> 태그를 끝에 추가해서 종결해야 한다.

실전 연습

텍스트 영역의 너비와 높이를 cols와 rows 어트리뷰트를 사용하여 바꿔라. 브라우저 창의 절반을 차지하는 텍스트 영역을 만들어라. 몇 번의 시도를 거듭하면 아래와 같은 코드가 나온다.

```
<textarea cols=50 rows=25></textarea>
```

이를 실행하면 아래 그림과 같이 나온다.

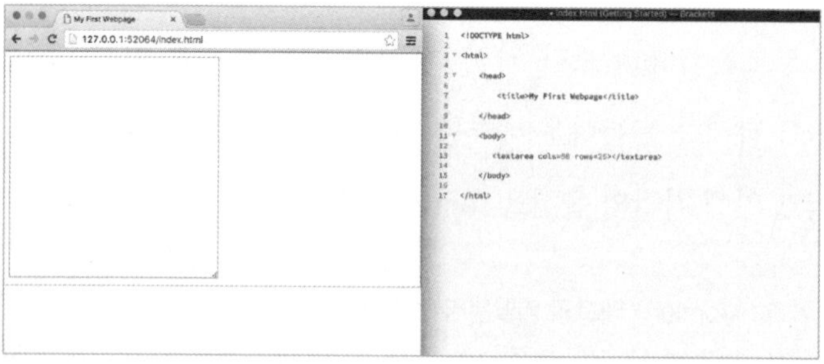

3-16

버튼 만들기

모든 폼은 제출 버튼이 필요하다. 아래와 같이 input 타입인 'submit'을 이용하여 이를 추가할 수 있다.

```
<input type="submit">
```

이를 통해 '제출'이란 텍스트와 함께 간단한 버튼을 만들 수 있다. 버튼의 텍스트를 바꾸고 싶다면 아래와 같이 value 어트리뷰트를 이용하여 추가하면 된다.

```
<input type="submit" value="Click Me!">
```

폼에 대해서는 이쯤에서 멈추자(하지만 챕터 6에서 다시 배운다). 폼을 이용하여 간단하게 사용자와 쌍방향으로 소통할 수 있다. 그리고 만약 자신이 웹사이트를 편집하거나 만드는 중이라면 머지않은 미래에 완성할 수 있을 것이다.

(?!)

도전 과제 2

이제 기본적인 폼의 기능을 배웠다. 사용자가 이메일 주소, 패스워드, 그리고 성별(또는 좋아하는 아이스크림 맛)을 입력하여 로그인할 수 있는 폼을 만들어보자. submit 버튼을 만드는 것도 잊지 마라.

실전 연습

CC 7 에 있는 HTML 문서의 폼이 불완전하다. 이를 수정할 수 있는가?

테이블

테이블^{Table}은 사용자에게 정보를 보여주는 탁월한 방법이다. 기본적으로 각 셀마다 다른 내용을 넣을 수 있는 스프레드시트같이 생겼다. 테이블을 만들기 위해 아래 코드를 사용해라.

```
<table>
    <tr>
        <th>Name</th>
        <th>Age</th>
        <th>Gender</th>
    </tr>
    <tr>
        <td>Rob</td>
        <td>35</td>
        <td>Male</td>
    </tr>
</table>
```

\<table\> 태그는 이름 자체가 설명이다. 이는 우리가 테이블을 보여주기를 원한다는 표시다. \<tr\>은 '테이블 가로줄(table row)'의 줄임말이다. 테이블에서 새로운 줄의 시작을 알린다. \<th\>는 '테이블 제목(table header)'의 줄임말이다. 각각은 테이블 세로줄의 제목이다.

테이블 제목 이후에 \</tr\>을 사용해서 첫 번째 가로줄을 종결한다. 그리고 새로운 가로줄을 위해 다시 \<tr\>을 사용한다. \<td\>는 '테이블 데이타(table data)'의 줄임말이다. 테이블의 각 셀에 넣을 내용을 위한 것이다. 각 가로줄은 똑같은 세로줄 개수를 가져야 한다(이 경우 3개).

위 코드를 자신의 텍스트 편집기에 타이핑하고 실행해보라. 아래와 같은 결과가 나와야 한다.

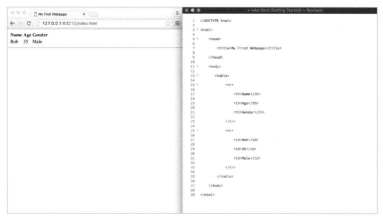

3-17

테이블의 각 셀이 멋지게 줄 맞춰지는 것을 볼 수 있다. 테이블 제목은 볼드체가 된다. 짠! 우리의 첫 테이블이다.

> 퀴즈 : 테이블에 친구나 가족 중 세 명을 나타내는 가로줄을 추가해라.
> 해답 : 자신의 HTML이 아래와 같은 모습이어야 한다.

```
<table>
    <tr>
        <th>Name</th>
        <th>Age</th>
        <th>Gender</th>
    </tr>
    <tr>
```

```
        <td>Rob</td>
        <td>35</td>
        <td>Male</td>
    </tr>
    <tr>
        <td>Kirsten</td>
        <td>36</td>
        <td>Female</td>
    </tr>
    <tr>
        <td>Tommy</td>
        <td>5</td>
        <td>Male</td>
    </tr>
    <tr>
        <td>Ralphie</td>
        <td>1</td>
        <td>Male</td>
    </tr>
</table>
```

테이블을 여러 가지 방법을 통해 필요한 모양으로 만들 수 있다. 첫째 앞서 이미지에서 사용했던 방법으로 가로줄의 너비를 바꿀 수 있다.

```
<table>
    <tr>
        <th width=200>Name</th>
        <th width=100>Age</th>
        <th width=150>Gender</th>
    </tr>
    <tr>
        <td>Rob</td>
        <td>35</td>
        <td>Male</td>
    </tr>
    <tr>
        <td>Kirsten</td>
        <td>36</td>
        <td>Female</td>
    </tr>
    <tr>
        <td>Tommy</td>
        <td>5</td>
        <td>Male</td>
    </tr>
    <tr>
        <td>Ralphie</td>
        <td>1</td>
        <td>Male</td>
    </tr>
</table>
```

3-18

이를 실행하면 테이블 제목은 가운데 정렬하지만 테이블 데이터는 왼쪽 정렬로 남아 있다. 아래 그림과 같이 border=1 어트리뷰트를 이용하여 테이블 셀 주변에 외곽선border을 추가할 수 있다.

3-19

72 ○ 할 수 있다! 코딩

?!

도전 과제3

CC 8 '이름'과 '성'으로 2가지 별개의 테이블 제목을 만들고 테이블의 데이터 셀에 실제 자신의 이름과 성을 넣어라.

링크 연결

이번 챕터 시작 부분에서 언급했듯이 HTML의 'H'는 하이퍼텍스트Hypertext를 나타낸다. 이는 다른 페이지로 연결되는 HTML의 기능을 말한다. HTML 문서의 링크 기능을 아래 코드와 같이 사용한다.

```
<a href="http://www.google.com">Search The Web</a>
```

위 코드에서 'a'는 '앵커(anchor)'의 줄임말이다. 링크는 원래 페이지의 한 부분에서 다른 부분, '앵커'라고 규정하는 위치로 연결할 때 사용했기 때문이다(어떻게 하는지 짧게 살펴볼 것이다). 'href'는 '하이퍼텍스트 참조(reference)'의 줄임말이다. 기본적으로 연결하고자 하는 페이지를 말한다. 'a' 태그 안의 'Search The Web'은 새로운 페이지로 가기 위해 사용자가 클릭하는 텍스트다.

이를 실행해보라. 밑줄이 쳐진 파란색의 텍스트를 볼 수 있다. 이를 클릭하면 구글 페이지로 연결된다.

3-20

(브라우저에서 뒤로가기 버튼을 누르면 자신의 웹페이지로 돌아간다.)

퀴즈 : 〈a〉 태그에 target=_blank 어트리뷰트를 추가하면 무슨 일이
발생하는가?
해답 : 코드는 아래와 같아야 한다.
〈a href="http://www.google.com" target=_blank〉Search The
Web〈/a〉
링크를 클릭하면 새로운 탭이나 브라우저가 열리며 해당 사이트로
연결된다.

앵커 링크(즉, 웹페이지 내에서의 링크)는 역할이 약간 다르다. 우선 자
신의 페이지에 문단 몇 개를 더해서 브라우저 창보다 더 크게 만들어
라. 이제 페이지의 끝을 보려면 스크롤해서 내려와야 한다. 나는 이런
목적으로 라틴어 텍스트를 만들기 위해 www.lipsum.com/feed/html
를 이용한다.

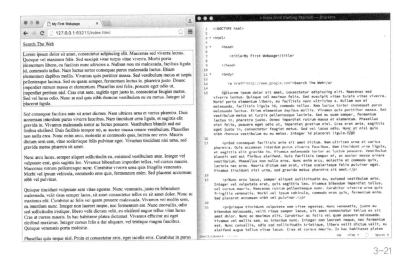

3-21

이제 아래와 같이 마지막 문단에 아이디 어트리뷰트를 부여하자.

```
<p id="last">
```

(CSS 챕터에서 더 많은 아이디 어트리뷰트를 살펴보겠다.)

마지막으로 윗부분 코드를 아래와 같이 바꾸자.

```
<a href="#last">Go to last paragraph</a>
```

#(해시) 기호는 브라우저에게 다른 페이지로 넘어가지 말고 현재 페이지 내에서 'last'라는 아이디 태그를 찾아보고 그곳으로 이동하라는 표시다.

시험해보라. 클릭했을 때 페이지의 마지막 부분으로 이동해야 한다.

실전 연습

CC 9 의 연습에서 링크를 만드는 연습을 해라.

HTML 엔티티

때때로 웹페이지에 기호를 사용해야 한다. 저작권 기호인 ©, 유로 기호인 €, 어떨 때는 웃는 얼굴 모양인 ☺이 필요할 수도 있다. 이때 *HTML 엔티티*entities 또는 특수 코드를 사용해 브라우저에서 필요한 기호를 보여줄 수 있다. 웃는 얼굴을 표시하려면 아래 코드를 사용한다.

```
&#9786;
```

브라켓에 시험해보라.

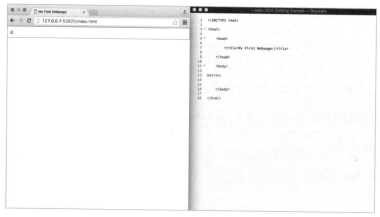

3-22

&는 브라우저에게 HTML 엔티티로 들어간다고 알려주고 #는 엔티티를 코드 번호로 알려주겠다는 의미다. 웃는 얼굴의 코드 번호는 9786이다. 그리고 HTML 엔티티를 종결하기 위해 세미콜론(:)을 사용한다.

아래와 같이 어떤 기호는 코드 번호를 사용하는데, 코드 이름을 사용하기도 한다.

```
&copy; and &#169;
```

위 두개의 코드는 모두 저작권 기호인 ©를 출력한다.

가장 자주 사용되는 HTML 엔티티들을 www.w3schools.com/html/html_entities.asp에서 찾아볼 수 있다.

> **?!**
>
> ## 도전 과제 4
>
> **CC 10** 에서 HTML 엔티티를 사용하여 통화 기호를 추가해보라.

아이프레임 작성

HTML에 대한 마지막 주제다. 여기까지 온 것을 축하한다. 곧 CSS 를 이용하여 웹페이지에 스타일을 더하는 법을 살펴볼 것이다.

아이프레임^{iFrames}은 다른 웹페이지의 내용을 자신의 웹페이지에 포함시킬 때 사용한다. 예를 들면 이 코드를 사용하여 구글 홈페이지를 자신의 웹페이지에 포함시킬 수 있다.

```
<iframe src="http://www.example.com"></iframe>
```

3-23

www.example.com를 다른 사이트 주소로 바꿔보자. 주의할 점은 구글이나 페이스북 같은 일부 인기 있는 웹사이트는 아이프레임의 대상이 되지 못하게 막아놓는다.

퀴즈 : ⟨iframe⟩ 태그에 어트리뷰트를 추가하여 아이프레임 박스를 자신의 브라우저 창 크기만큼 키울 수 있는가?
해답 : 이미지 부분에서 실습했듯이 너비와 높이 어트리뷰트를 추가해라.

```
<iframe width=550 height=660 src="http://wikipedia.org">
</iframe>
```

실행하면 아래와 같이 나온다.

3-24

아이프레임은 유튜브 영상 같은 미디어를 자신의 웹페이지에 포함시킬 때 특히 유용하다. 아래와 같이 하면 된다.

- youtube.com으로 가서 원하는 비디오를 클릭한다.
- 아래로 내려가서 공유share 버튼을 클릭한다. 빨간색 구독subscribe 버튼 위에 있다.
- 퍼가기embed 버튼을 클릭한다.
- ctrl-c(맥의 경우 command-c)를 이용해 코드를 복사한다. 그리고 이를 웹페이지에 붙여넣기 한다. 다음과 같은 결과가 나와야 한다.

3-25

코드는 폭과 너비가 있는 간단한 아이프레임 태그다. 하지만 frameborder="0" 어트리뷰트를 이용해 아이프레임 테두리선을 없애고 *allowfullscreen*이라는 특정 유튜브 어트리뷰트가 추가된다. 이는 짐작하듯이 이용자가 영상을 전체 화면으로 볼 수 있게 해준다.

실전 연습

CC 11 에 자신이 원하는 웹사이트를 아이프레임을 이용하여 추가해라.

HTML 프로젝트: 통합하기

축하한다! 이제 HTML에 대하여 기본사항을 배웠다. 이제 이번 장에 나온 내용을 최대한 담아서 하나의 웹페이지를 만들어보자. 새로 배운 지식을 활용할 시간이다. 평소에 관심이 있던 분야에서 주제를 선택해라. 그리고 타이틀, 헤더 태그, 이미지, 리스트, 폼, 아이프레임

그 밖에 우리가 다뤘던 모든 내용을 가지고 페이지를 만들어라.

완성하면 http://codepen.io/pen/?editors=1000로 가서 자신의 코드를 붙여넣기 해라. 화면의 아래쪽에서 자신의 웹페이지를 볼 수 있어야 한다. 이를 저장하면 URL 주소를 생성해 소셜 미디어에서 공유할 수 있다. 이를 @techedrob으로 트윗하면 내가 피드백하겠다!

하나의 예시로, 나는 내가 좋아하는 주제인 우주에 대한 웹페이지를 만들었다. www.completewebdevelopercourse.com/content/1-html/1.17.html에서 볼 수 있다.

Summary Note

모든 웹페이지는 HTML로 구성된다. 이제 HTML 구성요소들을 어떻게 만들고 편집하는지에 대해 배웠다. 기본적인 웹페이지를 만들고 기존의 웹페이지를 편집할 수 있어야 한다.

우리 코딩 여행의 다음 단계는 HTML 페이지의 스타일을 설정하는 법을 배우는 것이다. 색깔을 더하고, 크기를 바꾸고, 텍스트 포맷을 조정하는 등등. 우리는 CSS^{Cascading Style Sheets}를 이용할 것이다. 다음 장에서 살펴볼 주제다.

심화 학습

이쯤에서 HTML을 더 파고들기 전에 다음 사이트들에서 심화학습을 해볼 것을 추천한다. HTML에 대해 흥미가 생겼다면 다음 사이트들을 이용하여 이 언어가 어떻게 작동하고 또 이 언어를 사용하여 무엇을 할 수 있는지 더 깊게 파고들어라.

- www.codecademy.com/courses/web-beginner-en-HZA3b/0/1 — 쌍방향 HTML 코딩 연습

- www.w3schools.com/html/ — 무료 HTML 강의

- https://play.google.com/store/apps/details?id=com.sololearn.htmltrial&hl=en — HTML 학습을 위한 무료 안드로이드 앱

- https://itunes.apple.com/gb/app/learn-html-fundamentals/id933957050?mt=8 — HTML 학습을 위한 무료 아이폰, 아이패드 앱

CSS

HTML을 통해 웹페이지에 들어가는 여러 형태의 구성요소를 만들 수 있게 됐다. 이제 CSS를 이용하여 구성요소의 스타일을 정하는 방법을 배워보자.

- CSS가 무엇이고 어떻게 사용하는지,
- 클래스와 아이디를 사용하여 구성요소를 어떻게 조회하는지,
- 웹페이지를 재구성하기 위해 DIV를 사용하는 법,
- 테두리와 포지셔닝, 컬러와 폰트, 텍스트와 링크 포맷을 조정하기 위해 CSS를 사용하는 법을 배운다.

CSS란 무엇인가

HTML로 웹페이지에 구성요소를 추가할 수는 있지만 이들의 위치, 색깔, 폰트 또는 스타일을 조절하기는 쉽지 않다.

CSS는 1994년에 버너스 리의 동료인 하콤 비움 리^{Hakon Wium Lie}가 처

음 제안하여 도입되었다. 스타일 정보를 페이지 내용과 별도로 저장하여 내용에 영향을 주지 않고 쉽게 스타일을 조정하자는 것이 주된 아이디어였다. 실제로 HTML은 전혀 손대지 않고 CSS만 변경하여 웹페이지의 모습과 레이아웃을 완전히 바꿀 수 있다.

CSS는 연속되는 스타일 시트 Cascading Style Sheets의 줄임말이다. 'Cascading'은 여러 가지 서로 다른 규칙이 존재할 때 어떤 스타일 '규칙'을 적용할지를 브라우저가 결정하는 방식을 일컫는다. 예를 들어 하나의 스타일 시트가 〈p〉 요소를 파란색으로 규정할 때 다른 시트가 빨간색이라고 규정하면 우리는 〈p〉 요소가 실제로 어떤 색을 가져야 할지 알 수 있는 일관된 방식이 필요하다. 이에 대해 나중에 몇 가지 사례를 살펴볼 것이다.

왜 CSS를 배우는가

CSS 없이 HTML만 배우는 것은 흑백으로 그림을 배우는 것과 같다. 무슨 그림이든 그릴 수는 있지만 실제 세상에 존재하는 색깔들은 쓸 수가 없다. CSS를 이용해 웹사이트를 독특하고, 친근하고 아름답게 디자인할 수 있다. 또 웹사이트의 모습을 자기가 원하는 대로 바꿀 수 있다.

코딩의 관점에서 CSS의 클래스와 ID(곧 정체를 살펴볼 것이다)를 활용하는 것은 자바스크립트의 기본이 된다. 그리고 한 줄의 코드로 수많은 다른 구성요소들의 모습을 바꿀 수 있는 법을 배운다. CSS도 간단하긴 하지만 HTML보다는 약간 더 복잡해서 집중이 필요하다. 이런 점들 때문에 두 번째로 배우기에 적합한 언어다.

CSS는 어떻게 생겼는가

이제 실제 CSS로 들어가자. 우선 비어 있는 웹페이지에 'I love HTML.'이라는 문장을 추가해라.

주의 : 텍스트 편집기와 브라우저 그리고 기본 웹페이지를 설정하는 법이 기억나지 않는다면 앞서 설명한 HTML 내용의 첫 부분으로 돌아가라.

코드는 아래와 같다.

```
<p>I love HTML.</p>
```

이제 'color:blue' 값의 스타일 어트리뷰트를 추가해라. 아래와 같다.

```
<p style="color:blue">I love HTML.</p>
```

놀랍게도 CSS를 통해 텍스트가 파란색으로 바뀐다. 다른 색깔로도 시험해본다.

'color:blue' 부분이 CSS다. 특정 〈p〉 구성요소에 하나의 CSS 규칙이 적용됐다.

'style' 어트리뷰트를 이용해 CSS를 추가하는 것을 인라인[inline] CSS라고 부른다. HTML 줄 안쪽에 있기 때문이다.

CC 12 에서 문단의 텍스트를 인라인 CSS를 사용하여 빨간색으로 바꿔라.

인라인 CSS에는 문제가 조금 있다. 모든 문단의 텍스트를 빨간색으로 만들려면 각 문단마다 스타일 어트리뷰트를 추가해야 한다. 이는 좀 번거롭다. 그리고 갑자기 모든 문단의 색을 녹색으로 바꾸고 싶다면 개별적으로 업데이트를 각각 해야만 한다. 다행히도 이 문제에 대한 해결책이 있다. 이를 가리켜 내부 CSS라고 부른다.

내부 CSS란 무엇인가

내부 CSS는 HTML 문서의 시작 부분에 모든 CSS를 모아놓은 경우를 말한다(세 번째이자 마지막 유형의 외부 CSS는 이번 챕터 끝부분에서 만난다). 아래 모습과 같다.

4-1

웹페이지 〈head〉 부분을 잘 살펴봐라. 새로운 구성요소인 〈style〉이 보인다. CSS를 담고 있다. 〈style〉 부분의 내용은 아래와 같다.

```
p {
    color: blue;
}
```

기본적으로 '모든 〈p〉 구성요소를 찾고 텍스트 컬러를 파란색으로 바꿔라'는 내용이다. 중괄호 { 와 } 사이에 p 구성요소에 적용하고 싶은 모든 규칙을 담는다(세미콜론으로 종결한다). 이제 전체 문단을 파란색에서 녹색으로 바꾸고 싶다면 CSS만 변경하면 된다. HTML 근처에도 갈 필요가 없다.

실전 연습

1 'I love CSS!'라는 내용의 두 번째 문단을 추가해라. 두 문단 모두가 파란색인 것을 확인할 수 있다. 이제 모두 녹색으로 바꿔보라.

코드는 아래와 같은 모습이 될 것이다.

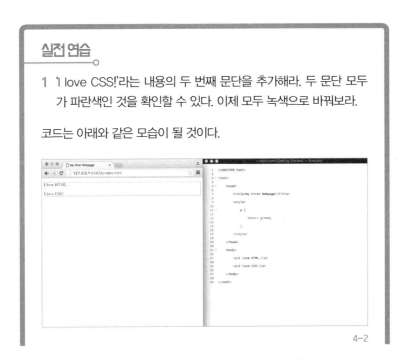

4-2

2 **CC 13** 의 웹페이지 스타일을 인라인에서 내부 CSS로 바꿔라.

3 CSS는 p 태그에만 쓸 수 있는 것이 아니다. 웹페이지에 〈h1〉 구성 요소를 추가하고 내부 CSS를 이용해 텍스트를 노란색으로 설정 해라.

코드는 아래와 같은 모습이 된다.

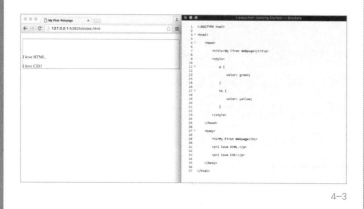

4-3

클래스와 아이디

만약 일부 문단은 파란색으로, 다른 문단은 빨간색으로 지정하려면 어떻게 할 것인가? 유형으로만 지정하는 것보다는 좀 더 세부적으로 구성요소를 선택할 수 있는 방법이 필요하다.

클래스class

구성요소에 클래스 어트리뷰트를 추가하는 것은 간단하다. 첫 번째 문단의 코드를 다음과 같이 바꿔라.

```
<p class="blue">I love HTML.</p>
```

이제 우리는 해당 문단에 'blue' 클래스를 적용했다. 이제 아래 코드를 웹페이지의 스타일 부분에 추가해라.

```
.blue {
    color: blue;
}
```

주의 : 'blue' 앞의 구두점(.)은 브라우저에게 우리가 클래스를 찾고 있다는 것을 말해준다. 구두점은 CSS의 클래스를 이르는 약칭이다.

이제 첫 번째 문단은 파란색, 두 번째는 녹색이 되어야 한다.

h1 구성요소에 class="blue" 어트리뷰트를 추가해라. 'My first webpage'가 파란색으로 변하는 것을 볼 수 있다. 클래스는 원하는 만큼의 구성요소에 특정 CSS 규칙을 적용할 수 있다. 어떤 유형이든 가능하다.

class 'blue'가 부가된 문단은 실제 2가지 규칙이 적용된다는 사실에 주의해라. p 규칙은 녹색이고, .blue 규칙은 파란색이다. CSS는 가장 '구체적' 규칙이 승리한다. 클래스와 아이디로 정의된 규칙은 다른 규칙들을 항상 배제한다. 그래서 문단은 녹색이 아니라 파란색이 된다. 이것이 연속되는 스타일 시트에서 '연속되는'이 갖는 의미다.

아이디^{id}

아이디는 클래스와 매우 유사하다. 하지만 이는 웹페이지의 한 가지 구성요소에만 적용할 수 있다. 헤더, 푸터 또는 제목처럼 한 가지 구성요소에만 나타난다.

클래스와 정확히 똑같은 방법으로 추가할 수 있다. 이제 'I love CSS!' 문단에 'pink' 아이디를 삽입하자.

```
<p id="pink">I love CSS!</p>
```

이제 스타일 부분에 아래 CSS를 넣자.

```
#pink {
    color:pink;
}
```

주의 : 여기서는 해시 기호 #을 사용한다. 이는 아이디를 나타낸다. 그래서 CSS에서 구두점 .은 클래스, #은 아이디를 나타내는 기호이다.

여기서도 'I love CSS!' 문단에 'pink' 규칙과 'p' 규칙이 중복 적용된다. 하지만 클래스와 마찬가지로 아이디 규칙이 우선한다. 항상 구성요소와 관련된 다른 규칙에 우선하여 아이디와 클래스 내용이 적용된다.

실전 연습

CC 14 의 웹페이지에 내부 CSS를 추가하여 클래스와 아이디로 첫 번째 문단은 빨간색으로, 두 번째 문단은 파란색으로 만들어라.

이제 유형을 지정해서 또는 클래스와 아이디를 이용하여 구성요소를 선택할 수 있다. 텍스트의 컬러를 지정하는 한 가지 CSS 규칙을 배웠는데, 다른 규칙을 살펴보기 전에 〈div〉 구성요소를 사용하는 법에 대해 빠르게 살펴보자.

DIV

DIV는 '분할(division)'의 줄임말이다. 이를 이용해 코드를 여러 부분으로 나눌 수 있다. 각 부분으로 나누어 스타일을 지정할 수 있다. 이제 보디^{body} 부분의 코드를 모두 제거하고 아래 코드를 입력하라.

```
<div class="divA">
    <p>I''m in div A</p>
</div>
<div class="divB">
    <p>I''m in div B</p>
</div>
```

아래와 같은 결과가 나온다.

4-4

퀴즈 : 두 문단 모두 녹색인 이유는 무엇인가?

해답 : 문단에서 클래스와 아이디를 지워서 컬러에 적용되는 규칙이 하나이기 때문이다.

div로 할 수 있는 일이 별거 없어 보일 수도 있지만 실제로는 스타일을 적용할 때 많은 도움이 된다. 문단에 배경 컬러를 넣는 것부터 시작해보자.

배경 컬러

이제 사용 가능한 여러 가지 CSS 스타일들을 살펴보자. 스타일 태그에서 모든 CSS 코드를 삭제하고 아래 코드로 대체한다.

```
div {
    background-color: grey;
}
```

위 코드는 양쪽 div에 회색 배경을 설정한다.

4-5

주의 : div는 브라우저 창의 가로줄 끝까지를 기본 범위로 한다.

클래스를 사용하여 첫 번째 div 배경색을 빨간색으로, 두 번째 배경색을 파란색으로 설정해라.
클래스 이름 앞에 구두점 .을 잊지 마라!

컬러 코드

지금까지는 컬러를 지정할 때 이름을 사용했다. 하지만 실제로 적용할 때는 보다 세부적으로 색을 골라야 할 경우가 있다. 이제 컬러 코드를 사용해보자. 컬러에 대한 HTML 엔티티와 같다. 각 코드는 특정 색을 나타낸다. 아래 규칙을 시험해보자.

```
.divA {
    background-color: #765481;
}
.divB {
    background-color: #F7E1A2;
}
```

해시 기호 #은 브라우저에게 색을 지정하기 위해 숫자를 사용한다고 알려준다. 이후 원하는 색을 지정하기 위한 알파벳과 숫자로 이루어진 6자리 코드가 이어진다. 이 경우에는 자주색과 오렌지색이다.

모든 코드를 암기할 필요는 없다. http://html-color-codes.info/ 같은 웹사이트에서 원하는 컬러 코드를 찾을 수 있다.

CC 15 의 문단을 HTML 컬러 코드를 사용해서 적절한 컬러로 스타일을 업데이트해라.

크기 변경하기

div의 폭과 너비를 바꾸기 위해 $width$와 $height$를 사용한다. 페이지의 CSS 코드를 아래 내용으로 바꿔라.

```
.divA {
    background-color: red;
    width: 200px;
    height: 200px;
}
.divB {
    background-color: blue;
    width: 50%;
}
```

다음과 같은 모습이 나와야 한다.

4-6

원하는 만큼의 CSS 규칙을 각 구성요소에 적용할 수 있다. 폭과 너비를 지정하려면 단위를 사용해야 한다. 200px는 '200 픽셀'을, 50%는 구성요소 너비의 '50%'를 의미한다. 이 경우에는 〈body〉 구성요소가 된다.

플로트로 위치 지정하기

CSS를 이용하여 컬러와 크기를 조정하는 법을 살펴봤다. 이제 CSS를 이용하여 레이아웃을 짜보자. 지금까지는 모든 구성요소가 순서대로 앞선 구성요소의 아래에 위치했다. 하지만 플로트floats를 이용하여 이를 바꿀 수 있다. 아래 CSS 규칙을 .divA 규칙에 추가한다.

```
float:right;
```

웹페이지의 모습이 다음과 같아야 한다.

어떤 결과가 나왔는가? divA가 이제 페이지의 오른쪽에 '떠있다 floated'. 그리고 divB는 왼쪽 줄에 맞춰져 있다. 아래처럼 바꿔보자.

1 플로트 추가하기: divB를 왼쪽으로.

2 divB의 폭을 20%로 변경하기.

3 divB에 이어 'This is some text'라는 문단 추가하기.

변경될 레이아웃을 예상할 수 있는가? 아래 모습과 같아야 한다.

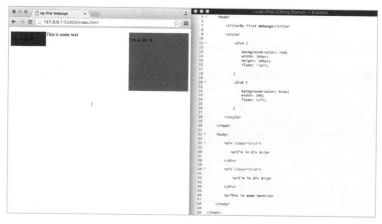

이제 3개의 열을 가진 레이아웃이 됐다. 오른쪽엔 빨간 div, 왼쪽엔 파란 div가 있다. 그리고 다른 것들은 중앙에 위치한다. 플로트는 각 div를 레이아웃하거나 다른 구성요소들을 각각의 왼쪽이나 오른쪽에 위치시킬 수 있는 정말 편리한 수단이다.

실전 연습

CC 16 의 웹페이지에 #left는 왼쪽에 #right는 오른쪽에 위치하도록 내부 CSS를 업데이트해라.

포지션을 이용한 레이아웃

때때로 우리는 플로트로 할 수 있는 것보다 더 정밀하게 레이아웃을 짜야 할 때가 있다. 이는 포지셔닝positioning을 이용하면 가능하다. 말하자면 divB를 원래 위치를 기준으로 일정 거리로 이동시키려면 아래 CSS 규칙을 추가하면 된다.

```
position: relative;
top: 50px;
left: 100px;
```

위 코드는 divB를 아래로 50픽셀, 오른쪽으로 100픽셀 이동시킨다.

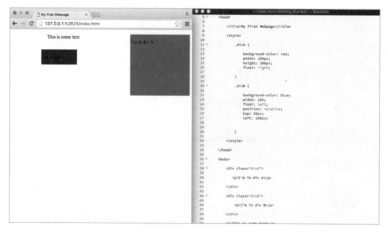

4-9

다른 값들로 'top'과 'left'를 시험해본다.

즉, position: relative를 이용하면 원래 위치와 비교해서 구성요소를
이동시킨다. 다음을 divA에 시험해본다.

```
position: absolute;
```

무슨 효과가 발생하는가? 이는 실제로 div의 효과를 제거한다. 그
래서 다른 구성요소가 이 코드가 들어 있는 요소의 존재를 무시한다.
어느 구성요소를 다른 구성요소가 아니라 페이지를 기준으로 이동
시키고 싶을 때 매우 유용하다. 여전히 'top'과 'left'를 이용하여 목표
지점으로 이동시킬 수 있다.

4-10

실전 연습

CC 17 에서 #home div는 오른쪽으로 10픽셀, 아래쪽으로 10픽셀을 페이지 기준으로 이동시키고, #next div는 오른쪽으로 50픽셀, 위쪽으로 10픽셀을 현재 위치를 기준으로 이동시켜라.

마진

마진^{margin}은 선택적인 그리고 어떤 의미에서는 더 간단하게 구성요소의 위치를 설정하는 방법이다. 실습을 위해 divA과 divB에서 모든 플로팅과 위치 설정 규칙을 지우고 아래 코드를 divA에 추가한다.

```
margin: 20px;
```

이 코드는 빨간색 div 주변에 20픽셀의 여백을 만든다. 다음 그림과 같은 모습이다.

4-11

또한 위, 아래, 왼쪽과 오른쪽 여백을 별도로 설정할 수 있다. 아래 규칙들을 divB에 추가해 보자.

```
margin-top: 50px;
margin-left: 100px;
```

이를 통해 파란색 div를 아래로 50픽셀, 오른쪽으로 100픽셀을 효과적으로 옮길 수 있다.

4-12

마진은 대상을 이동시키고 원하는 만큼의 간격을 설정하는 훌륭한 방법이다. 유사한 방법으로 구성요소 *내부에* 여백을 설정할 때 패딩을 사용할 수 있다.

패딩

파란색과 빨간색 div 모두 텍스트에 안쪽 여백이 없다. div의 경계와 텍스트 사이에 일정 간격이 있으면 더 예쁘다. 이를 위해 패딩^{padding}을 이용한다. 아래 규칙을 divA에 적용해보자.

```
padding: 10px;
```

이를 통해 빨간색 사각형 안쪽에 10픽셀의 패딩이 생겨난다.

4-13

이상하게도 텍스트가 오른쪽보다는 아래쪽으로 더 많이 움직인다. 이는 〈p〉 구성요소에 기본으로 설정되어 있는 마진 때문이다.

테두리

구성요소에 테두리를 더해서 웹페이지의 다른 부분과 간단하게 구분할 수 있다. 테두리는 복잡한 페이지의 가독성을 높인다. 그리고 이미지를 사용하지 않고도 페이지에 약간의 그래픽 효과를 줄 수 있다.

웹페이지에 빨간색 div와 그 내용만 남기고 다른 모든 코드를 제거하자.

4-15

빨간색 div에 테두리를 더하기 위해 아래 스타일을 적용해본다.

```
border: 5px solid grey;
```

다음과 같은 효과가 나타난다.

4-16

지금까지 봤던 모습과는 약간 다른 스타일이다. 추가한 코드 안에 3가지 값이 포함돼 있다.

- 5px: 이는 테두리의 폭이다.
- solid: 이는 테두리 유형이다. dotted, dashed, groove 그리고 ridge 등과 같은 다른 테두리 유형도 시험해보라. 대체로 solid가 가장 많이 쓰인다.
- grey: 테두리 컬러다. 원하는 컬러를 쓸 수 있다. 또는 #47D812 같은 HTML 컬러 코드를 사용할 수도 있다.

도전 과제 2

divA 주변에 핑크색의 10픽셀 너비의 대시 테두리선을 만들어라. 코드는 아래와 같아야 한다.

```
border: 10px dashed pink;
```

4-17

테두리 선이 너무 야단스러워 보인다. 실제 할 때는 되도록 단순한 선을 선택한다.

둥근 모서리

둥근 모서리는 테두리 선과 관련이 있다. 이는 CSS 언어의 가장 최신 버전인 CSS3에 추가되었다. 모서리를 둥글게 하려면 *보더레이디어스*^{border-radius}를 사용한다. divA를 위한 *보더*^{border}를 아래 스타일로 바꿔보자.

```
border-radius: 10px;
```

4-18

이제 둥근 모서리를 가진 매력적인 사각형이 보인다. 보더레이디어스 값을 원하는 값만큼 조절해서 둥근 모서리를 키울 수도 있지만 대체로 5~10픽셀이 대부분 적합한 값이다.

퀴즈 : 보더레이디어스 값을 50%로 설정하면 어떤 결과가 나오는가?
해답 : 원이 나타난다.

둥근 모서리의 반지름이 div 폭의 절반(이 경우에는 100픽셀)과 같아지는 까닭에 원이 나타난다. 이는 직선 테두리선에 주어진 길이가 남지 않는다는 의미다. 그래서 전체 테두리 선이 곡선이 되어 원이 나타난다.

둥근 모서리는 배경에만 적용되고 내용에는 영향을 미치지 않는다. 텍스트를 완전히 원 안에 위치시키려면 패딩을 이용해야 한다.

실전 연습

CC 20 에서 두 div에 간단한 테두리와 둥근 모서리를 추가하는 연습을 해라.

폰트

표준 워드 문서와 마찬가지로 웹페이지의 폰트를 바꿀 수 있다. 지금까지는 웹페이지의 모든 텍스트를 브라우저의 기본 설정 폰트(크롬의 경우 타임스 뉴 로만^{Times New Roman})로 표시했다.

웹페이지에서 빨간색 div와 이에 따른 스타일을 제거한다. 그리고 'This is some text.'라는 문단을 넣어서 단순한 모습을 만든다(무슨 내용이든 상관없다). 페이지의 모습이 아래와 같아야 한다.

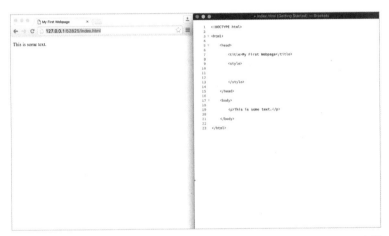

4-19

이제 아래 스타일을 추가해라.

```
body {
    font-family: sans-serif;
}
```

이는 브라우저의 기본 폰트를 산세리프^{Sans-serif} 서체로 바꾼다.

산세리프 서체는 세리프(인쇄된 H나 I 같은 활자에서 아래, 위에 가로로 나 있는 가는 선)가 없다는 의미다. 산세리프는 세리프 폰트에 비해 대체로 더 현대적이고 깔끔한 느낌이다.

주의 : 문단 구성요소가 아니라 보디 부분에 폰트 패밀리(font-family) 속성을 사용했다. 이는 페이지의 모든 텍스트가 적용을 받는다는 의미다. 대부분의 웹페이지에서 하나의 폰트 를 사용하는데, 이때 이 방식을 사용한다.

더 예쁜 폰트

세리프와 산세리프 폰트에 한정될 필요는 없다. 어떤 폰트든 원하는 것을 쓸 수 있다. 다만 자신의 웹페이지가 인기를 얻는다면 수많은 종류의 기기와 접속하게 되는데 이때 사용한 폰트가 깔려 있지 않은 기기가 있을 수 있다. 이런 경우 폰트 목록을 설정할 수 있고 웹페이지에서 사용 가능한 첫 번째 폰트가 사용된다.

예를 들어 아래 스타일을 시험해보자.

```
font-family: "Comic Sans MS", cursive, sans-serif;
```

만약 컴퓨터로 사이트에 접속한다면 코믹산스Comic Sans 폰트가 사용된 텍스트가 보일 것이다.

하지만 사용자의 기기에서 이 폰트를 사용할 수 없다면 기기의 기본 설정 'cursive(즉, 필기체)'가 사용되고 이마저 가능하지 않다면 산세리프 폰트가 사용된다.

이에 대한 좋은 사례가 https://css-tricks.com/snippets/css/better-helvetica/에 나와 있는 'Better Helvetica' CSS 트릭이다.

```
body {
    font-family: "HelveticaNeue-Light", "Helvetica
Neue Light","Helvetica Neue", Helvetica, Arial, "Lucida
Grande",sans-serif;
}
```

헬베티카 노이에Helvetica Neue는 현대적이고 단순하면서도 우아한 폰
트로 알려졌지만 오직 애플 기기에서만 기본 설정 문자로 쓸 수 있
다. 이 CSS 스타일은 가능하면 이 폰트를 채택하지만 코드에서 볼 수
있듯이 '가장 예쁜' 버전의 다른 폰트를 차선책으로 제시한다.

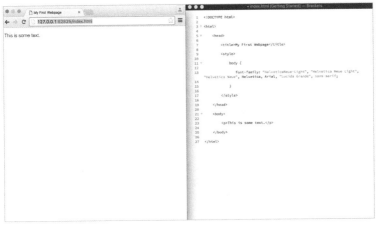

4-20

일반적으로 모든 사용자가 자신이 지정한 폰트를 사용할 수 있게 '안
전한 웹 폰트'를 쓰는 것을 추천한다. 안전한 웹 폰트의 목록을 원한
다면 검색엔진에 'web safe fonts'라고 검색어를 입력하면 결과를 얻
을 수 있다.

텍스트 스타일

폰트 지정 외에도 텍스트에 여러 가지 스타일 작업을 할 수 있다. 텍스트를 굵게, 이탤릭체로, 밑줄을 긋는 등 다양한 형태로 만들 수 있다. 문단을 볼드체로 하려면 아래와 같은 코드를 사용한다.

```
p {
    font-weight: bold;
}
```

실행하면 아래와 같은 결과가 나온다.

4-21

문장에서 한두 개의 단어만 볼드체로 하고 싶다면 어떻게 해야 할까? 이를 위해서는 스팬span이라는 구성요소를 사용한다. 이 요소 자체로는 아무 결과가 나오지 않지만 구성요소의 개별 부분의 스타일을 설정할 수 있게 해준다. 웹페이지의 문단을 아래와 같이 바꿔보자.

```
<p>This text is <span id="bold">bold</span>.</p>
```

이 스팬 자체만으로는 텍스트의 스타일에 아무런 영향을 미치지 않는다.

4-22

하지만 스팬의 범위에 들어 있는 내용에만 스타일을 적용하게 한다.

```
#bold {
    font-weight: bold;
}
```

*#bold*는 'CSS 규칙을 *bold*라는 아이디를 가진 내용에만 적용하라'는 의미임을 기억해라.

이제 bold 단어만 볼드체가 된다.

유사하게 일부 이탤릭체 텍스트를 위해 두 번째 스팬을 사용할 수 있다. 아래와 같이 문단을 바꿔보자.

```
<p>This text is <span id="bold">bold</span> and this is <span
id="italic">italic</span>.</p>
```

이제 italic 스팬에 다음 CSS 규칙을 적용하자.

```
font-style: italic;
```

코드의 결과가 아래와 같아야 한다.

도전 과제 3

텍스트에 밑줄을 긋기 위한 CSS 규칙은 text-decoration: underline 이다. 'and this is underlined'를 추가하고 스팬을 설정한다.

```
<p>This text is <span id="bold">bold</span> and this
is <span id="italic">italic</span> and this is <span
id="underlined">underlined</span>.</p>
```

그리고 스타일 아래 CSS 규칙이 포함돼야 한다.

```
#underlined {
    text-decoration: underline;
}
```

최종적인 결과는 아래와 같다.

4-25

물론 볼드체와 밑줄을 함께 적용할 수도 있다. 그리고 다른 텍스트 스타일 옵션도 많다. www.w3schools.com/css/css_text.asp를 참조한다.

실전 연습

CC 22 에서 CSS를 사용하여 일부 텍스트를 볼드체와 이탤릭체로 만들어라.

텍스트 정렬하기

워드프로세서와 마찬가지로 CSS를 이용하여 텍스트를 왼쪽이나 오른쪽, 양끝 맞추기로 정렬할 수 있다. 이를 위해서는 아래 스타일을 추가한다.

```
text-align: right;
```

이를 적용하면 문단이 아래와 같이 정렬한다.

4-26

왼쪽으로 정렬하려면 아래 코드를 사용한다.

```
text-align: left;
```

기본 설정이 왼쪽 정렬이므로 굳이 이를 사용할 필요는 없다. 양끝 맞추기를 위해서는 다음과 같이 사용한다.

```
text-align: justify;
```

이 실행 결과를 보려면 끝선을 넘어가는 길이의 텍스트가 필요하다. 이전에 사용했던 ipsum.com에서 라틴어 텍스트를 가져오면 아래와 같은 결과가 나온다.

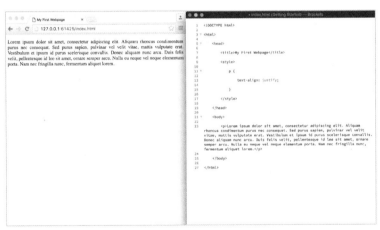

4-27

각 줄의 단어 사이의 간격이 서로 다르다는 것을 알 수 있다. 이를 통해 각 줄의 끝 라인을 일치시킨다. 블로그 게시글처럼 텍스트가 길 경우 효과가 있지만 일반적인 웹사이트에는 어울리지 않는다. 잘 구분해서 사용한다.

실전 연습

CC 23 에서 텍스트를 양끝 맞추기로 정렬해라.

링크 스타일

다른 HTML 구성요소와 마찬가지로 링크 또한 스타일 설정이 가능하다. 하지만 특히 링크에만 주로 쓰이는 몇 가지 설정 방법이 있다.

첫째, 링크 아래 밑줄을 없앤다. 컬러로 링크를 구분하기 때문에 밑줄까지 칠 필요가 없고 보기에 예쁘지도 않다. 링크에서 밑줄을 없애려면 아래 스타일 설정을 사용한다.

```
text-decoration: none;
```

더 흥미로운 방법으로, 사용자가 링크에 마우스 포인터를 올리면 원하는 스타일 설정으로 보이도록 하는 유사 클래스^{pseudo classes}라는 것도 있다. 이를 위해서는 아래 코드를 사용한다.

```
a:hover {
    color: green;
}
```

이 2가지 명령을 함께 사용하면 링크의 밑줄을 없애고 이를 탐색할 때 녹색으로 변한다.

유사 클래스는 직접적으로 구성요소를 연결시키는 '진짜' 클래스가 아니라 구성요소의 특정 상태에서만, 이 경우에는 사용자가 이를 탐색할 때, 연결시키기 때문에 붙여진 이름이다. 그러므로 앞서 정의한 일반적인 클래스는 아니다. 유사 클래스에 대해 더 알고 싶다면 www.w3schools.com/css/css_pseudo_classes.asp에서 찾아볼 수 있다.

새 탭으로 열기

엄밀히 말해 CSS 명령어는 아니다. 하지만 링크 스타일을 설정하면서 링크로 연결되는 사이트를 새로운 탭이나 브라우저 창으로 열 수 있게 하면 매우 편리하다. 이를 링크에 target = "_blank"를 사용하여 설정할 수 있다. 아래와 같다.

```
<a href="http://www.google.com" target="_blank">Click me
to open Google.com in a new tab.</a>
```

CC 24 에서 링크의 스타일 설정을 하고 새로운 탭에서 링크를 열 수 있게 만들어라.

CSS 프로젝트: 웹사이트 복제

CSS를 연습하는 제일 좋은 방법은 자신이 좋아하는 스타일의 웹 사이트를 똑같은 모양으로 복제하는 것이다. 일단 www.google.com 과 같은 단순한 모습의 사이트부터 시작해서 bbc.co.uk/news와 같은 좀 더 복잡한 사이트에 도전해본다. 좋아하는 사이트 중 하나를 선택 해서 정확한 복사판을 만들려고 해보자. 쉬운 일은 아니지만(그리고 어 마어마한 검색 작업이 필요할 것이다) 그 과정에서 정말 많은 것을 배울 수 있다.

완성하면 자신의 코드를 codepen.com 같은 사이트에 붙여넣기 해 라. 그리고 링크를 트위터를 통해 나와 공유하자(@techedrob). 당신이 무엇을 만들 수 있는지 기대하며 기다리겠다.

Summary Note

축하한다. 지금까지 CSS의 기본을 배웠다. 웹사이트에 포맷, 레이아웃, 스타일을 추가하는 법을 알게 됐을 것이다. 이제 HTML과 결합시켜 어지간한 웹사이트는 디자인할 수 있을 것이다.

HTML(웹페이지의 내용)과 CSS(웹페이지의 스타일과 레이아웃)를 다뤘으니 쌍방향 기능을 위해 자바스크립트를 배울 차례다. 자바스크립트는 웹페이지에 엄청난 힘을 불어넣을 것이다. 사용자가 마치 앱이나 소프트웨어를 사용하는 듯이 상호작용할 수 있게 한다.

자바스크립트는 코딩의 완전한 신세계다. 이제 시작하자.

심화 학습

이제 자바스크립트로 옮겨 가자고 했지만 그전에 CSS의 세계로 더 파고들고 싶은 이들은 아래 링크를 통해 심화 학습을 할 수 있다.

* www.codecademy.com/courses/css-coding-with-style/0/1

    – 쌍방향 CSS 코딩 강의

* www.w3schools.com/css/ – W3Schools의 CSS 튜토리얼

* http://learnlayout.com – CSS를 이용해 훌륭한 가변 레이아웃 만들기

* https://play.google.com/store/apps/details?id=com.sololearn.

    csstrial&hl=en – CSS를 배울 수 있는 안드로이드 앱

* https://itunes.apple.com/gb/app/learn-css/id953955717?mt=8

    – CSS를 배울 수 있는 아이폰과 아이패드 앱

05

자바스크립트

지금까지 웹페이지의 내용을 위해 HTML을, 스타일과 레이아웃을 위해 CSS를 살펴봤다. 이제 세 번째 퍼즐을 풀 시간이다. 자바스크립트는 사용자와 상호작용할 수 있도록 돕는다. HTML과 CSS와 달리 자바스크립트는 독립적인 컴퓨터 프로그램이라는 측면에서 '완전한' 프로그램 언어다. 코더가 원하는 대부분의 일들을 수행하는 소프트웨어다.

여기서는 아래 사항들에 대해 살펴본다.

- 자바스크립트는 무엇이고 어디에 쓰이는지,
- 웹페이지에 쌍방향 기능을 만들기 위해 자바스크립트를 사용하는 법,
- 난수 random numbers 를 산출하기,
- '높은 아니면 낮은' 숫자 추측 게임을 배운다.

자바스크립트란 무엇인가

자바스크립트는 이 책에서 배우는 첫 번째 '제대로 된' 코딩 언어다. 루프, 변수, If 문 같은 프로그래밍 툴(곧 이들이 무엇인지 살펴볼 것이다)을 사용할 수 있다. 특정 텍스트를 클릭하면 사라지게 하는 것부터 구글 문서를 위한 오피스 프로그램 같은 완전한 응용프로그램을 생성하는 것까지 전반적인 업무에 사용할 수 있다.

페이지 자체를 새로 띄우지 않으면서 쌍방향 기능을 제공하는 모든 웹사이트는 자바스크립트를 사용한다.

자바스크립트는 1995년 5월에 초창기 브라우저 중 하나였던 넷스케이프에서 일하던 브렌던 아이크$^{Brendan\ Eich}$가 10일 만에 만들었다. 처음에는 모카^{Mocha}로, 이후에는 라이브스크립트^{Livescript}로 불렸다. 흥미롭게도 다른 프로그래밍 언어인 자바와는 이름이 비슷함에도 불구하고 아무런 관련이 없다. 넷스케이프는 선^{Sun}(자바 언어의 소유권을 가진)으로부터 자바스크립트라는 이름을 사용할 수 있다는 양해를 받았다. 하지만 이는 자바가 그 당시 인기가 많은 언어였던 관계로 마케팅 전략의 하나였을 뿐이다.

자바스크립트는 숱한 개발 과정을 거쳤고 버전을 바꿔 발표됐다. 최신의 표준 버전(우리가 여기서 배울)은 모든 브라우저에서 호환되고 데스크톱과 모바일 플랫폼 모두에서 사용할 수 있다.

자바스크립트의 주요 특징 중 하나는 서버가 아니라 사용자의 컴퓨터에서 돌아간다는 점이다. 즉, 클라이언트 사이드 언어다. 그래서 이메일을 보내거나 소셜 네트워크에 로그인하는 등의 작업처럼 서버에 어떤 요청을 하기 위해서는 파이썬 같은 서버 사이드 언어를 사용해야 한다. 다음 챕터에서 배울 언어다.

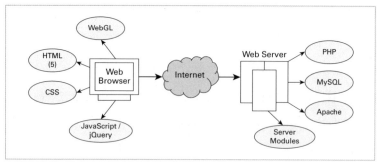

5-1

왜 자바스크립트를 배우는가

아직 자바스크립트를 배워야 하는 이유에 대해 확신이 없을 경우를 위해 아래 장점들을 설명했다. 우선 이것은 우리의 첫 번째 '완전한' 프로그래밍 언어다. 그저 정적인 웹페이지와 레이아웃을 만드는 것이 아니라 동적인 기능을 제공하는 완전한 응용프로그램과 웹사이트를 개발할 수 있다.

또한 다른 많은 언어들과 유사해서 일단 자바스크립트를 배우면 다른 언어들을 훨씬 빠르게 습득할 수 있는 길이 열린다.

자바스크립트는 모든 브라우저에서 작동하기 때문에 다른 별도의 소프트웨어를 다운로드할 필요가 없다. 그리고 CSS와 마찬가지로 클래스와 아이디를 사용한다. 그래서 이미 배운 내용을 토대로 사용할 수 있다.

초심자가 시작하기에 좋은, 간단한 언어다. 하지만 CSS가 강력한 기능을 가진 것처럼 자바스크립트 또한 꼭 배워야 하는 훌륭한 첫 번째 언어다.

자바스크립트는 어떤 모습인가

자바스크립트는 매우 간단하게 시작한다. 텍스트 편집기의 기본 HTML 페이지로 돌아가서 시작하자. 아래 코드를 사용해서 버튼을 추가해라.

```
<button>Click Me!</button>
```

아래와 같은 모습이어야 한다(보다 명확하게 보기 위해 버튼을 확대했다).

5-2

물론 버튼을 클릭해도 아무런 일이 일어나지 않는다. 자바스크립트 마술을 이용해 바꿔보자. 버튼 코드를 아래와 같이 바꾼다.

```
<button onclick='alert("Hello there!")'>Click Me!</button>
```

(올바른 따옴표를 썼는지 확인해라. 바깥쪽은 작은따옴표, 안쪽은 큰따옴표를 써야 한다.)

버튼을 클릭하면 아래와 같은 모습을 볼 수 있다.

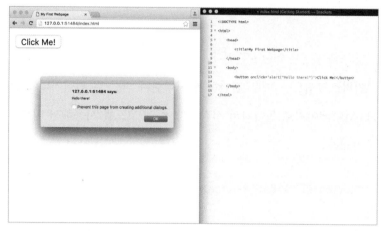

5-3

야호, 첫 번째 자바스크립트를 실행했다. 온클릭^{onclick} 어트리뷰트는
버튼이 클릭됐을 때 실행될 자바스크립트 코드를 쓸 수 있게 해준다.
실제 실행한 자바스크립트는 아래 코드다.

```
alert("Hello there!")
```

alert 명령어는 '사용자에게 메시지를 보여주는 팝업창을 열어라'
는 의미다. 메시지는 인용 부호 안에 있다. 즉, 여기서는 Hello there!
다. 자바스크립트에서 명령어는 괄호나 중괄호가 이어진다. 괄호 안
에 명령의 내용이 담긴다. 이번 경우에 내용은 팝업창에 나타날 텍스
트다.

이런 방식의 자바스크립트를 인라인[inline] 자바스크립트라고 부른다. 앞 장의 첫 부분에서 살펴봤던 인라인 CSS와 같은 경우다.

내부 자바스크립트

이런 방식으로 자바스크립트를 실행하는 것은 스타일 어트리뷰트를 이용해 CSS를 실행하는 것과 매우 유사하다. 실행은 되지만 번잡하다. 그리고 간단한 alert 명령어 이상의 작업에 대한 코드를 쓰려고 하면 매우 어렵다.

CSS와 마찬가지로 내부[internal] 자바스크립트를 이용해 HTML로부터 자바스크립트를 분리할 수 있다. CSS에서는 〈style〉 태그를 사용했다. 자바스크립트에서는 〈script〉 태그를 사용한다. 이런 태그들은 HTML 페이지의 헤더 부분에 넣을 수도 있지만 우리는 이를 페이지의 마지막에 넣을 것이다. 일반적으로 이런 식의 배열을 더 선호한다. 이는 자바스크립트를 페이지의 내용에 시험해보고 실행하기 전에 브라우저를 통해 만들어진 페이지의 모든 구성요소를 확인할 수 있기 때문이다.

페이지를 로드할 때 Hello there!라는 팝업창이 뜨도록 alert라는 명령어를 이용해 자바스크립트를 만들려면 아래 코드를 웹페이지의 ⟨/body⟩ 태그 바로 앞에 추가한다.

```
<script>
    alert("Hello there!")
</script>
```

이제 페이지가 새롭게 로드될 때 아래와 같이 팝업 경고창이 뜨는 것을 볼 수 있다.

5-4

내부 자바스크립트: 클릭에 응답하기

인라인 자바스크립트를 사용할 때는 어떤 요소가 자바스크립트를 구동시키는지가 확실하다. onclick 어트리뷰트가 구성요소 안에 위치하기 때문이다. 그렇다면 내부 자바스크립트는 어떻게 버튼과 연계시킬 수 있는가? 해답은 CSS와 같다. 아이디를 사용한다.

?!

도전 과제 1

버튼에서 onclick 어트리뷰트를 삭제해라. 그리고 'click-me'라는 아이디를 부여해라. 아래와 같이 된다.

```
<button id="click-me">Click Me!</button>
```

이제 버튼을 클릭했을 때 뭔가 발생하게 만들어보자. 아래 코드를 〈script〉 태그 사이에 넣는다.

```
document.getElementById("click-me").onclick = function() {
    alert("Hello there!")
}
```

아마 지금까지 봤던 코드 중 가장 복잡할 것이다. 하지만 이를 분석해 보면 무척 분명한 내용이다.

첫째 'document'는 HTML 페이지 자체를 이르는 말이다. 브라우저에게 페이지 안의 무언가를 찾고 있다고 말한다.

다음 getElementById("click-me")는 정확하게 말 그대로다. 아이디^{ID}에 의해^{by} 구성요소^{element}를 가져오는^{get} 것이다. 이 경우 아이디는 'click-me'다.

'onclick = function()' 부분은 구성요소의 onclick 어트리뷰트를 일정 함수(함수는 특정 기능을 수행하는 일련의 코드를 말한다)와 대응시킨다. 빈 괄호는 해당 함수에 어떤 값도 전달하지 않았다는 의미다.

중괄호 { 와 }는 함수를 위한 코드를 담는다. 중괄호는 자바스크립트를 포함한 코딩 언어들에서 함수를 위한 코드를 담는 일반적 방법이다. 마지막으로 중괄호 안에는 팝업창을 띄워 해당 문구를 보여줄 이미 친숙한 코드 alert("Hello there!")가 들어 있다.
이 코드를 모두 합쳐서 쉽게 말로 풀면 아래와 같은 의미다.

> HTML 페이지를 가져와서 'click-me'라는 아이디를 가진 구성요소를 찾아라. 그리고 해당 구성요소에 변화를 줘서 사용자가 이를 클릭할 때 팝업창과 함께 'Hello there!'라는 텍스트를 보여주게 만들어라. 간단하다!

아마 위 내용을 두세 차례 반복해서 읽으면 모든 의미를 명확하게 이해할 수 있을 것이다. 그런 다음 과제에 도전해보자.

?! 도전 과제 2

페이지에서 버튼과 스크립트 태그를 삭제해라(즉 비어 있는 HTML 페이지에서 시작해라). 그리고 'Who am I?'라는 텍스트 링크(버튼이 아닌)를 추가한다. 그리고 자바스크립트를 추가해서 링크를 클릭했을 때 자신의 이름이 팝업창에 뜨게 만들어라. (링크를 연결하려면 아이디를 부여해야 할 것이다.)
코드는 아래 모습과 같아야 한다.

```
<a id="my-link">Who Am I?</a>
<script>
document.getElementById("my-link").onclick =
function() {
    alert("Rob")
}
</script>
```

그리고 실행해보자.

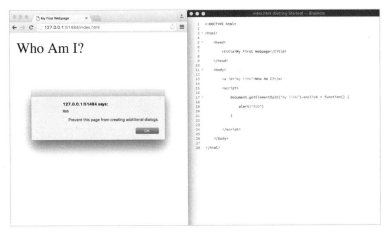

5-5

실전 연습

CC 25 의 웹페이지에 버튼을 추가해서 이를 클릭하면 Clicked!라는 팝업창이 나타나는 자바스크립트 코드를 작성하라.

자바스크립트로 스타일 바꾸기

팝업창을 띄우는 것처럼 자바스크립트를 이용해서 스타일을 바꿀 수도 있다. 페이지에 'text'라는 아이디로 문단을 추가하자. 그리고 링크 텍스트를 'Turn text red'로 바꾸자.

```
<p id="text">This is some text.</p>
<a id="my-link">Turn text red</a>
```

이제 alert("Rob")을 아래와 같이 바꿔라.

```
document.getElementById("text").style.color = "red"
```

위 코드는 아이디 'text'라는 구성요소를 가져와서 컬러를 빨간색으로 설정한다는 의미다. 실행해보자. 'Turn text red' 링크를 클릭했을 때 텍스트가 빨간색으로 변해야 한다. 어떤 스타일이든 이 방식을 이용할 수 있다.

실전 연습

1 텍스트를 파란색으로 바꿔라.

2 텍스트에 밑줄을 그어라(text-decoration 대신 textDecoration을 사용해야 한다).

3 텍스트 크기를 20픽셀로 바꾸고 오른쪽으로 정렬해라.

해답

1 document.getElementById("text").style.color = "blue"

2 document.getElementById("text").style.textDecoration = "underline"

3 이 경우에는 두 줄의 코드가 필요하다.
document.getElementById("text").style.fontSize = "20px"
document.getElementById("text").style.textAlign = "right"

사용자에게 정보 얻기

클릭을 통해 팝업창을 띄우고 스타일을 바꾸는 법에 대해 알았다. 이제 텍스트 박스를 통해 사용자에게 정보를 가져오는 법에 대해 알아보자.

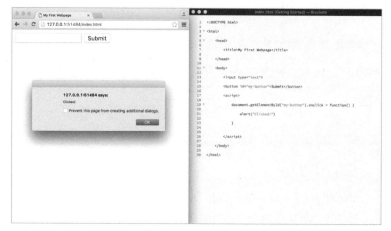

5-6

팁: 새로운 자바스크립트를 작성할 때마다 모든 사항이 '맞물려 돌아가고' 정확하게 작동하는지 확인하기 위해 이렇게 간단한 페이지를 만드는 것이 효과적이다. 그렇지 않으면 *getElementById*에서 'I'를 대문자로 쓰지 않았다는 것을 발견하기 위해 디버깅하는 데 많은 시간을 들여야 한다!

이제 코드를 바꿔서 'Clicked!'라는 팝업창을 띄우는 대신에 사용자가 박스 안에 기입한 내용을 띄우게 만들어보자. 먼저 아래와 같이 입력창에 아이디를 부여하자.

```
<input type="text" id="my-input">
```

다음에 자바스크립트의 alert("Clicked!")를 아래와 같이 바꾸자.

```
alert(document.getElementById("my-input").value)
```

현재 무슨 작업을 하는지 이해하는가? 지금 문서, 또는 HTML 페

이지 안의 아이디 'my-input'을 가진 구성요소의 값을 팝업창으로
띄우고 있다.

실행해보자. 박스 안에 무슨 내용을 기입해 넣든지 팝업창으로 출
력돼야 한다.

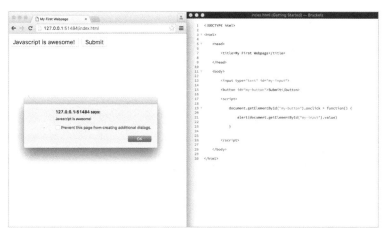

5-7

지금 우리는 진정한 상호작용 기능에 가까워지고 있다. 이제 몇 가
지 기본적 프로그래밍 개념을 익혀보자. 첫 번째는 'If 문'이다.

If 문 또는 조건문

If 문은 프로그래밍의 기본 개념이다. 이는 프로그램에 어떤 조건이
충족될 때만 특정 작업을 하라고 명령한다. 이는 자신이 좋아하는 웹
사이트에 로그인할 때 적용된다. '만약 사용자 이름과 패스워드가 데
이터베이스의 기록과 일치하면 사용자의 로그인을 허용해라.' 또는

게임의 한 규칙인 경우도 있다. '만약 마리오가 폭탄을 만지면 마리오를 죽여라.'

아래에서 사용자가 패스워드를 알고 있는지를 알아보기 위해 간단한 패스워드 시스템을 만들어보자. 우선 입력창 앞에 텍스트 'What is the password?'를 추가해라.

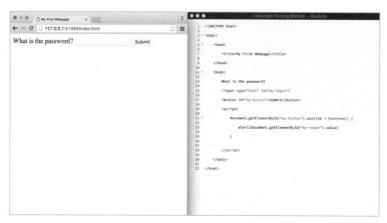

5-8

사용자가 입력하는 내용이 사전에 규정된 패스워드와 일치하는지 테스트한다. 패스워드를 'coding'이라고 정하자. 자바스크립트의 alert… 줄을 아래와 같이 바꾸자.

```
if (document.getElementById("my-input").value ==
"coding") {
     alert("You got it!")
}
```

코드를 자세히 살펴보면 무슨 일이 진행되는지 알 수 있다. 우리는

'if'라는 키워드로 시작한다. 그리고 이후 괄호 안에 조건을 담는다. 여기서 조건은 텍스트 박스 안의 값이 coding이라는 단어와 같은 값 인가 하는 여부다. 만약 조건이 충족되면 시스템은 'You got it!'이라 는 팝업창을 띄운다. 조건이 충족되지 못하면 아무 일도 일어나지 않 는다.

여기서 등호가 중복(==)되는 것에 유의한다. 자바스크립트에서(그리 고 거의 모든 프로그램 언어에서) 하나의 등호는 무언가를 다른 것으로 대입 할 때 사용한다. 이전 화면에서 보면 온클릭 어트리뷰트를 해당 함수 로 대입한다. 등호 2개는 어떤 값이 다른 값과 같은지 테스트하기 위 해 사용한다. 분명히 구별해서 사용해야 한다. 만약 구분해서 사용하 지 않으면 코드가 매우 이상하게 작동한다.

실행해보자. 예상한 결과가 출력되었는가?

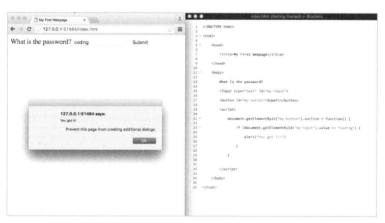

5-9

사용자가 패스워드를 잘못 입력했을 때 아무런 결과가 나오지 않 는 것은 바람직하지 않다. 즉, 사용자에게 무언가 잘못됐다고 알려주

는 것이 좋다. else라는 키워드를 통해 이를 할 수 있다. 위 코드의 마
지막 } 뒤에 아래 코드를 추가해라.

```
else {
    alert("That's not right, try again")
}
```

이제 패스워드를 잘못 입력하면 아래 화면이 출력된다.

5-10

?!

도전 과제 4

웹페이지에서 모든 코드를 삭제하고 사용자가 자신이 좋아하는 숫자
를 예측하는 게임을 만들어보자. 사용자에게 정답인지 아닌지를 알려
주는 If 문을 추가한다. 코드는 위의 패스워드 시스템과 유사한 모습이
어야 한다.

What is my favourite number?

```
<input type="text" id="my-input">
<button id="my-button">Submit</button>
<script>
document.getElementById("my-button").onclick =
function() {
    if (document.getElementById("my-input").
value =="7") {
        alert("You got it!")
    } else {
        alert("That's not right, try again")
    }
}
</script>
```

실행하자.

웹사이트 내용 업데이트

다음 기본적 프로그래밍 개념을 배우기 전에 자바스크립트를 이용해 어떻게 웹사이트 내용을 업데이트할 수 있는지 알아보자. 지금까지는 사용자에게 정보를 알려주기 위해 팝업창만을 이용했다. 팝업창이 유용하긴 하지만 아무래도 산만하다. 대개는 페이지 자체에 대답을 보여주는 편이 훨씬 보기 좋다. 어떻게 하는지 알아보자.

?! 도전 과제 5

웹페이지에서 모든 코드를 삭제해라. 그리고 'my-paragraph'라는 아이디로 빈 문단을 넣어라. 또 클릭했을 때 'That was easy'라는 내용을 보여주는 팝업창이 뜨는 버튼을 추가해라.
이제 이 정도는 식은 죽 먹기여야 한다. 반복의 힘이다!

```
<p id="my-paragraph"></p>
<button id="my-button">Submit</button>
<script>
document.getElementById("my-button").onclick =
function() {
    alert("That was easy")
}
</script>
```

실행해보자.

5-12

이제 코드를 바꿔서 버튼을 클릭했을 때 빈 문단에 어떤 내용이 들어가게 만들자. alert("That was easy")를 아래 코드로 바꿔라.

```
document.getElementById("my-paragraph").
innerHTML = "This text appeared by magic!"
```

버튼을 클릭했을 때 아래 모습을 볼 수 있어야 한다.

5-13

이제 우리는 사용자와 보다 자연스러운 방법으로 상호작용할 수 있다. 다시 If 문을 활용하는 도전을 해보자.

도전 과제 6

'What is your name?'이라는 텍스트와 텍스트 입력 박스, Submit 버튼을 웹페이지에 만든다. 그런 다음 사용자가 자신의 이름을 입력했을 때 'Hello [이름]!'이라는 텍스트가 페이지에 출력되도록 구성요소를 추가해라. (주의 : 이 과제를 수행하기 위해서는 사용자의 이름과 자신이 설정한 텍스트를 결합해야 한다. 아래와 같이 할 수 있다.)

```
"Hello" + document.getElementById("name").value + "!"
```

+ 기호는 앞뒤 요소를 사슬처럼 연결시킨다. Hello와 텍스트 박스의 값 그리고 !를 함께 결합한다. 코드는 아래와 같은 모습이어야 한다.

```
What is your name?
<input id="name">
<button id="my-button">Submit</button>
<p id="my-paragraph"></p>
<script>
document.getElementById("my-button").onclick =
function() {
    document.getElementById("my-paragraph").
innerHTML = "Hello" +
    document.getElementById("name").value + "!"
}
</script>
```

그리고 실행하자.

5-14

반복문(루프)

루프는 동일한 행위를 반복하는 방법이다. 트위터는 트윗 타임라인을 보여주기 위해 루프를 사용한다. 그리고 구글은 검색 결과를 보여주기 위해 루프를 사용한다. 소프트웨어 중에 루프 기능이 들어 있지 않은 것은 없다고 해도 과언이 아니다.

시작하기 전에 웹페이지에서 모든 코드를 삭제해라. 그리고 'numbers'라는 아이디로 비어 있는 div를 넣어라.

웹페이지에 1부터 50까지의 숫자를 출력하는 간단한 루프를 만들 예정이다. 이를 위해 루프를 돌리면서 해당 숫자의 값들이 일정 범위 안에서 바뀌면서 입력되는 변수^{variable}가 필요하다. 변수는 어떤 숫자나 일정한 문자를 담는 상자다. 그리고 이를 var라는 키워드로 표시한다.

```
var number = 1
```

이는 'number'라는 변수를 만들고 값을 1로 설정한다. 루프는 아래와 같이 작동한다.

```
while (number <= 50) {
    document.getElementById("numbers").innerHTML += "<p>"
+ number + "</p>"
    number = number + 1
}
```

'while'이라는 키워드는 '다음 조건이 충족되는 한 이후 코드를 반복해라'는 의미다. 해당 조건은 '변수 number가 50보다 작거나 같으면'이다. 그리고 중괄호('루프') 안에서 현재 숫자를 보여준다. <p> 태그에 담아서 numbers라는 div의 내용을 차례로 출력한다(+=의 역할이다). 마지막으로 변수 number에 1을 더한다. number가 50보다 커질 때까지 이를 반복한다.

이를 몇 번 반복해서 읽어야 한다. 물론 스스로 작성해보는 것이 좋다. 이를 완성하면 아래 모습이 된다.

5-15

왼쪽 숫자는 50까지 이어진다.

실전 연습

위 코드를 아래 결과가 출력되도록 바꿔라.

1 100까지의 모든 짝수.
2 30까지의 3배수 테이블.
3 10부터 0까지 카운트다운.

해답

1 루프의 첫 줄을 아래와 같이 바꾼다.
  var number = 2
  그리고 while 절은
  while (number <= 100)
  그리고 마지막 줄은
  number = number + 2
  이를 통해 2부터 100까지의 모든 짝수가 출력된다.

2 첫 줄을 아래와 같이 바꾼다.
  var number = 3
  그리고 while 절은
  while (number <= 30)
  그리고 마지막 줄은
  number = number + 3
  짠! 3배수 테이블이다.

3 이 문제를 위해서는 첫 줄을 아래와 같이 바꿔라.
  var number = 10
  그리고 while 절은
  while (number >= 0)
  그리고 마지막 줄은
  number = number − 1
  이제 10부터 0까지의 카운트다운이 출력된다.

For 문

꼭 짚고 넘어가야 할 두 번째 유형의 루프가 있다. 지금까지 *while* 문에 집중했지만 *for* 문 또한 사용된다. 같은 기능을 하지만 구조가 약간 다르다. For 문의 모습은 아래와 같다.

```
for (var i = 1; i <= 50; i=i+1) {
        document.getElementById("numbers").innerHTML +=
"<p>" + i + "</p>"
}
```

While 루프와 달리 For 문에서는 루프 관련 모든 정보가 한 줄에 들어간다. 이번 경우에 숫자 변수는 'i'라고 불린다(For 문의 경우 흔히 쓰이는 이름이다). 그리고 1에서 시작한다. 한번에 1씩 증가하고 i가 50보다 같거나 작은 한도에서는 계속 반복한다. 효과는 이전 While 루프와 정확하게 일치한다. 어떤 것을 사용할지는 문법에 대한 개인 기호에 달려 있다. 나는 일반적으로 While 루프를 추천한다. 가변성이 더 좋다고 느껴지기 때문이다.

난수 만들기

이제 자바스크립트를 이용해 간단한 추측 게임을 만들 수 있는 수준에 근접했다. 하지만 그전에 난수를 생성할 줄 알아야 한다. 아래 함수를 이용해 만들 수 있다.

```
Math.random()
```

아래와 같은 코드를 이용해 실행하면,

```
document.getElementById("my-div").innerHTML = Math.
random()
```

0부터 1 사이의 소수가 난수로 출력되는 것을 볼 수 있다.

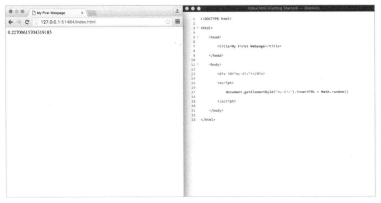

5-16

추측 게임을 만들기 위해서는 1과 10 사이의 전체 난수가 필요하기 때문에 아래 함수를 이용한다.

```
Math.floor((Math.random() * 10)) + 1
```

어려워 보이지만 해석은 쉽다! '*10'은 '10으로 곱셈하라'는 의미다. 그래서 0과 10 사이의 난수를 얻게 된다. Math.floor 부분의 'floor'는 소수점 이하의 숫자는 모두 버리라는 의미다(그래서

6.74628748은 6이 된다). 이렇게 되면 다시 정수로 된 0과 9 사이의 난수가 나온다. 여기에 1을 더하면 10을 포함한 숫자를 얻을 수 있다.

위의 코드를 아래와 같이 바꿔 시험해본다.

```
document.getElementById("my-div").innerHTML = Math.
floor((Math.random() * 10)) + 1
```

실전 연습

아래 숫자 사이의 전체 난수를 생성하라.

1 1과 5

2 11과 20

3 0과 100

해답

1 Math.floor((Math.random() * 5)) + 1

2 Math.floor((Math.random() * 10)) + 10

3 Math.floor((Math.random() * 100))

자바스크립트 프로젝트: 추측 게임

변수와 루프, If 문을 사용해서 앱과 웹사이트, 그리고 게임을 만들 수 있다. 이제 간단한 추측 게임을 만들어볼 것이다. 컴퓨터가 선택한 숫자를 추측하는 게임이다.

개념은 간단하다. 페이지를 로드하면 사용자는 1부터 10 사이의 난수를 예측하라는 요청을 받는다. 잘못된 숫자를 입력하면 너무 높거나 낮다는 메시지가 출력된다. 올바른 숫자를 입력하면 정답이라는 메시지가 출력되고 게임을 다시 할 수 있다.

이 도전 과제는 지금까지 우리가 배운 모든 것들이 필요하다. 구성요소들 간의 상호작용, 스타일 바꾸기, 변수와 If 문 등. 잠시 진도를 중단하고 과제에 도전해보자. 아직 어렵다면 각 단계별로 작은 예제들을 통해 조언을 해주는 아래 내용들을 따라와도 된다.

과정은 다른 웹사이트나 앱을 설계할 때와 유사하다. 사용자 인터페이스로 시작하고 단계적으로 상호작용 기능을 추가한 이후 모든 작업이 잘 작동하는지 점검한다.

1. 사용자 인터페이스 만들기

〔타이틀(h1 구성요소), 소개, 텍스트 입력 박스와 submit 버튼〕

여러 가지 레이아웃이 가능하지만 간단하게 구성하자.

```
<h1>What's My Number?</h1>
<p>I'm thinking of a number between 1 and 10 - what do you
think it is?</p>
<input type="text">
<button>Guess</button>
```

5–17

2. 기본적 쌍방향 기능(사용자가 입력하는 숫자 보여주기)

구성요소에 아이디를 부여하고 빈 문단을 추가해라. 그리고 버튼을
클릭했을 때 사용자가 추측한 숫자로 빈 문단의 내용을 채워라.

```
<h1>What's My Number?</h1>
<p> I'm thinking of a number between 1 and 10 - what do
you think it is?</p>
<input type="text" id="number">
<button id="guess">Guess</button>
<p id="message"></p>
<script>
document.getElementById("guess").onclick = function() {
    document.getElementById("message").innerHTML =
document.getElementById("number").value
}
</script>
```

5-18

3. 난수 생성기를 추가하고 사용자의 추측 숫자를 생성된 난수와 비교하기, 그리고 적절한 메시지 보여주기

HTML을 바꿀 필요가 전혀 없다. 모두 자바스크립트 코드다.

```
if (document.getElementById("number").value > randomNumber) {
    document.getElementById("message").innerHTML = "Too High!"
} else if (document.getElementById("number").value < randomNumber) {
    document.getElementById("message").innerHTML = "Too Low!"
} else {
    document.getElementById("message").innerHTML = "That's it!"
}
```

한 가지 살짝 다른 구조가 들어갔다. else if. 이는 만약 첫 번째 If 문이 거짓으로 판명되면 다른 If 문을 시험할 수 있게 해준다. 그리고 끝부분에 마지막 else가 쓰였다. 이는 위 2개의 If 문이 거짓으로 판명되면 이후 코드가 실행된다는 것이다. 추측한 숫자가 해당 난수보다 높거나 낮지 않다면 이는 정답이다! 실행해보자.

5-19

4. 정답 여부에 따라 텍스트 컬러 바꾸기(정답은 녹색, 오답은 빨간색)
그리고 다시 시합할 수 있는 옵션 주기

텍스트 컬러를 바꾸기 위해 아래 코드를 사용한다.

```
document.getElementById("text").style.color = "red"
```

'play again' 기능을 위해서는 페이지를 다시 로딩해야 한다. 이는 빈 링크(‹a href="")를 이용하여 할 수 있다. 이를 성공 메시지에 추가하자.

아래와 같다.

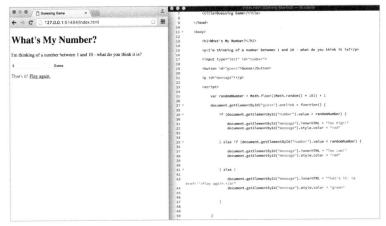

5-20

여기까지다. 이제 HTML과 CSS, 자바스크립트를 이용하여 완전한 기능을 가진 상호작용 게임을 완성했다. 축하한다!

Summary Note

물론 여기까지는 자바스크립트의 시작점에 불과하다. 더 많은 심화 학습을 하고 싶다면 선택의 폭은 넓다. 자바스크립트로 만들 수 있는 간단한 게임을 구상해보자. 동전 던지기나 행맨 게임 아니면 예전 노키아 폰의 스네이크 게임 같은 것도 생각해볼 수 있다. 세상에는 수많은 강의와 동영상 가이드가 출시되어 있다. 그저 'JavaScript tutorial' 다음에 원하는 검색어를 덧붙여 구글링을 해보라. 분명히 원하는 자료가 나올 것이다!

지금까지 웹사이트 내용을 위해 HTML, 스타일과 레이아웃을 위해 CSS, 상호작용을 위해 자바스크립트를 다뤘다. 이제는 첫 번째 서버 사이드 언어인 파이썬을 살펴보자.

파이썬은 간단하고 명확한 언어다. 그리고 자바스크립트와 여러 측면에서 유사하다. 이를 통해 더 복잡한 구조를 만드는 법을 살펴본다. 그리고 훨씬 세련된 프로그램을 만든다.

배워야 할 것도 많지만 재밌는 것도 많다. 거두절미하고 파이썬으로 무엇을 할 수 있는지 살펴보자.

심화 학습

자바스크립트의 세계에 발을 좀 더 깊숙이 넣고 싶다면 아래 링크를 이용해서 심화 학습을 할 수 있다.

- www.codecademy.com/learn/javascript – 쌍방향 자바스크립트 강의
- www.w3schools.com/JS/ – 무료 자바스크립트 강의
- www.learn-js.org – 무료 쌍방향 자바스크립트 튜토리얼
- https://play.google.com/store/apps/details?id=com.sololearn.javascript&hl=en_GB – 안드로이드로 자바스크립트 배우기
- https://itunes.apple.com/gb/app/learn-javascript/id952738987?mt=8 – 아이폰이나 아이패드로 자바스크립트 배우기

## 06

파이썬

파이썬을 운영하는 전체 과정을 훑어보자. 기술을 쌓고 몇 가지 프로젝트와 예제를 통해 연습한다. 또한 큰 프로젝트를 할 수 있도록 '웹 스크래핑web scraping(웹페이지에서 필요한 정보를 자동으로 수집하는 것-옮긴이)'을 시도한다. 가장 힘든 도전이 될지도 모르겠다. 여기서 배울 것들은 구체적으로,

- 파이썬은 무엇이고 어떻게 사용하는지,
- 파이썬의 변수, 루프, If 문 사용하기,
- 리스트와 정규 표현식 같은 심화 기능,
- 웹페이지에서 데이터 추출하기다.

파이썬이란 무엇인가

파이썬은 1980년대 후반에 네덜란드의 귀도 반 로썸Guido Van Rossum이 개발했다. 반 로썸은 영국의 인기 코미디 그룹, 몬티 파이썬Monty Python의 열렬한 팬이었다. 파이썬은 거기서 이름을 따왔다.

반 로썸은 여전히 언어 개발에 활발히 참여하고 있으며 파이썬 커뮤니티에서 자비로운 종신 독재자[BDFL, Benevolent Dictator For Life]라는 애칭으로 불리고 있다.

출시 이후 여러 번에 걸쳐 새로운 버전이 탄생했으면 현재는 버전 3이 쓰이고 있다. 이는 웹 기반 앱과 데스크톱 앱 모두에서 널리 사용된다. 또한 아두이노[Arduino](다양한 전자부품을 제어할 수 있는 마이크로 컨트롤러 보드-옮긴이)를 이용한 사물 인터넷 기기를 위해서도 사용된다. 매우 강력하고 유연한 언어다.

왜 파이썬을 배우는가

지금까지 우리가 해온 모든 것은 완전히 사용자의 브라우저에서 일어나는 작용이었다. 사용자끼리 서로 소통할 수 있는 소프트웨어를 만들려면 *서버*[server]가 필요하다. 서버는 기본적으로 항상 켜져 있고 언제나 인터넷과 연결돼 있는 컴퓨터를 말한다. 컴퓨터는 서버에서 어떤 정보는 내려받고 또 어떤 내용은 서버에 저장한다(우리의 마지막 트윗 같은). 또는 다른 컴퓨터로 데이터(이메일처럼)를 보낸다.

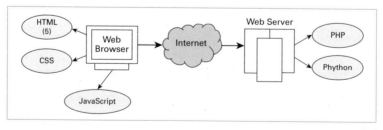

6-1

정말 강력한 웹사이트나 앱을 만들기 위해서는 서버에서 운영되는 코드를 써야 한다. 서버에서 자바스크립트를 사용하는 것도 가능하지만 PHP나 파이썬 같은 다른 언어를 더 많이 쓴다.

파이썬을 사용하는 몇 가지 이유가 있다.

- 파이썬은 간단하면서도 직관성이 높은 언어다. 자바스크립트보다 더 편리하다.
- 파이썬은 서버에서부터 라즈베리 파이 $^{Raspberry\ Pi}$ 까지 어떤 플랫폼에서도 사용할 수 있다. 웹사이트에서부터 로봇까지 무엇이든 구축할 수 있다.
- 파이썬은 일상 업무를 자동화하는 데도 유용하다. 웹사이트에서 정보를 찾거나 자동적으로 자신의 파일에 이름을 붙이는 작업 같은 것을 할 수 있다.

코딩 분야에서 일자리를 찾는다면 자바스크립트 외에 두 번째 언어를 배워야 할 필요가 있는지 궁금할 수 있다. 대답은 물론 예스다. 로봇을 만들 것도 아닌데 다른 언어를 배워야 하는 이유는 무엇일까?

2가지 언어를 배우면 언어 사이의 공통점이 무엇인지 알 수 있다 (그리고 다른 점까지). 2가지 언어로 루프를 만들 수 있다면 루프에서 무엇이 중요한 부분인지 훨씬 명확해진다. If 문과 변수에서도 마찬가지다. 모든 언어는 자신만의 특이성이 있다. 오직 한 가지 언어만 배운다면 프로그래밍 언어의 실체에 대해 통찰력을 많이 얻을 수 없다.

2가지 언어를 꼭 배워야 하는지 확신이 서지 않더라도 나를 믿고 따라오라. 예를 들어 어느 웹페이지에서 모든 이메일 주소를 추출해야 한다면 파이썬이 이를 대신 해줄 수 있다(방법은 이번 장 끝부분에 나온다).

어떻게 파이썬을 시작할 것인가

불행히도 파이썬은 HTML, CSS, 자바스크립트처럼 시작하기가 쉽지는 않다. 브라우저에서 운영되지 않기 때문이다. 이를 해결하기 위해서 2가지 선택이 있다. 쉬운 방법 또는 어려운 방법.

쉬운 방법

웹에는 파이썬 코드를 처리해줄 파이썬 해석기가 많다. 이번 챕터에서 나는 https://repl.it/languages/python3를 사용한다. 독자에게도 이를 사용할 것을 추천한다. 설치나 셋업 과정 없이 즉시 사용할 수 있다. 그 밖에도 www.tutorialspoint.com/execute_python_online.php, www.skulpt.org처럼 동일한 작업을 해주는 많은 웹사이트가 있다.

어려운 방법

다른 선택으로, 컴퓨터에 직접 설치하여 사용한다. 이는 인터넷 연결이 필요치 않고 파이썬 전체를 설치해보는 경험을 할 수 있지만 복잡한 셋업 과정이 필요하다. 정말 전문가 수준의 컴퓨터 사용자가 아니라면 별로 추천하고 싶은 방법은 아니다.

그래도 이 방법을 시도해보고 싶다면 www.python.org/downloads/에서 파이썬을 내려받을 수 있다(최신 버전 3을 선택해라). 이는 윈도우 운영체제에서만 필요하다. 대부분 OSX와 리눅스에는 파이썬이 이미 설치되어 있다.

일단 파이썬을 설치했다면 예를 들어 mypython.py라고 불리는 텍스트 파일을 만들어야 한다. 텍스트 편집기에서 File → Save As를 통해 할 수 있다.

그런 다음 윈도우 명령 창을 연다. 윈도우 검색란에 cmd를 입력해서 열 수 있다. 또는 OSX 터미널 앱을 열어야 한다.

이제 아래 명령어를 통해 파이썬을 구동한다.

```
python mypython.py
```

그러면 자신이 입력하는 스크립트의 결과가 나타난다. 또는 그저

```
python
```

이라고 입력하면 파이썬 명령어를 줄단위로 실행할 수 있다.

만약 잘되지 않는 과정이 있다면 온라인상에 파이썬 시작을 도와주는 가이드가 많다. 또는 위에서 추천한 쉬운 방법을 사용하면 된다.

'Hello World'로 시작하는 파이썬

이제 파이썬이 시작됐다. 기본적인 스크립트를 시험해보자. 쉬운 방법을 선택했다면 https://repl.it/languages/python3에서 다음 화면을 볼 수 있다.

6-2

여기에서 왼쪽 창에 파이썬 코드를 입력하고 'run' 버튼을 클릭하면 오른쪽 창에서 결과를 확인할 수 있다. 뭔가 특별히 자랑할 만한 것을 만들었다면 이를 공유하거나 저장할 수도 있다.

우리의 첫 번째 파이썬 스크립트는 간단하게 'Hello World'라는 단어를 출력하는 것이다. 왼쪽 창에 아래 코드를 입력하고 'run' 버튼을 클릭해보자.

```
print("Hello World")
```

아래와 같은 결과가 나온다.

6-3

'print'는 어떤 일을 하는가? 자바스크립트와 달리 파이썬에서는 쌍방향 작용을 할, 또는 사용자에게 팝업창을 띄울 웹페이지가 없다. 대신 콘솔^{console}이라고 부르는 무언가가 있다. 이는 대부분의 프로그래밍 언어에서 쓰인다(실제로 자바스크립트에도 있다). 이는 개발자들이 자신이 작성한 코드의 실행 결과를 보기 위한 공간이다.

콘솔은 흔히 디버깅 작업에 쓰인다. 예를 들어 변수의 값을 점검한다. 그리고 프로그램이 무슨 일을 하는지 확인하기 위해 사용한다.

그래서 print("Hello World")라는 코드는 'Hello World'라는 단어를 콘솔에 출력한다. 즉, 오른쪽 검정색 창에 출력한다. 정말 간단하다!

파이썬 변수

자바스크립트에서 변수를 생성하기 위해 'var'를 사용했다. 파이썬에서는 변수를 아래와 같이 정의한다.

```
name = "Rob"
```

이는 'Rob'이라는 값을 가진 'name'이라는 변수를 만든다.

?!

도전 과제 1

자신의 이름을 값으로 하는 변수를 만들어서 콘솔에 출력하라.
해답 : 코드는 아래와 같다.

```
name = "Rob"
print(name)
```

print("name")이 아니라 print(name)이라고 쓴 것에 주목한다. name은
값이 아니라 변수이기 때문이다.

6-4

자바스크립트에서와 마찬가지로 +를 사용하여 문자열을 덧붙일 수
있다. 이름 앞에 'Hello'가 출력되도록 코드를 바꿔라.

6-5

불린 변수

다른 많은 언어와 마찬가지로 자바스크립트에서도 불린[boolean] 변수
를 쓸 수 있다. 불린 변수는 논리학을 전공한 영국 수학자인 조지 불

George Boole의 이름에서 따왔다. 이는 오직 참과 거짓 값만을 취할 수 있다. 예를 들어 사용자가 로그인할 때 유용하다. 일반적인 방법으로 변수를 만들 수 있다.

```
isLoggedIn = True
```

뒷부분에서 다루겠지만 *If 문*을 사용하여 사용자에게 로그인을 허용할지에 대한 테스트를 할 수 있다.

리스트

리스트는 변수와 유사하지만 하나에 많은 값을 저장할 수 있다. 예를 들어 이메일 수신함을 보면 이메일 앱은 각 이메일의 내용을 담기 위해 이름이 서로 다른 변수를 만들지 못한다. 이때 프로그래머는 리스트를 사용한다. 다른 언어에서는 배열arrays이라고 부른다.

가족 구성원의 이름을 내용으로 하는 리스트를 만든다면 아래와 같은 코드를 사용한다.

```
names = ["Rob", "Kirsten", "Tommy", "Ralphie"]
```

대괄호는 리스트를 의미한다. 그리고 쉼표를 이용해 각 구성원, 즉 구성요소들을 구별한다.

전체 리스트를 아래와 같이 출력할 수 있다.

```
print(names)
```

리스트 내의 특정 요소에만 접근하고 싶다면 대괄호를 다시 사용한다.

```
print(names[0]) #this would print 'Rob'.
```

리스트 구성요소에 대한 번호가 0에서 시작한다는 점에 특히 유의해라. 그래서 name[2]는 'Tommy'를 반환한다. 초보 프로그래머가 쉽게 까먹는 부분이다. 흔한 실수가 names[3]이 리스트의 세 번째 구성요소를 불러올 거라는 착각이다. 이는 당연히 네 번째 요소를 반환한다. 구성요소의 번호는 인덱스index라고 한다. 모두 실행해보자.

6-6

실전 연습

아래 코드를 사용해서 리스트를 만들었다면

```
flavours = ["Strawberry", "Chocolate", "Vanilla",
"Mint Choc Chip"]
```

아래에서 각각이 반환하는 값은?

flavours[3]

flavours[4]

flavours[0]

flavours[1] + "and" + flavours[2]

해답

Mint Choc Chip
결과가 출력되지 않는다(대신 코드에 대한 오류 메시지가 뜬다).
Strawberry
Chocolate and Vanilla

리스트 조작하기

리스트를 이용해 작업할 때 구성요소의 값을 바꾼다거나, 마지막에 구성요소를 추가한다거나 또는 구성요소를 제거하는 등의 조작이 필요할 때가 있다. 파이썬에서는 이런 일을 쉽게 할 수 있다.

구성요소의 값을 바꾸기 위해서는 기존 방법대로 하면 된다. 예를 들어,

```
flavours[2] = "Rum and Raisin"
```

리스트에서 해당 값으로 구성요소를 삭제하려면 .remove를 사용한다.

```
flavours.remove("Strawberry")
```

인덱스로 삭제하려면 .pop을 사용해라.

```
flavours.pop(0)
```

리스트의 특정 지점에 특정 값을 끼워 넣으려면 아래처럼 .insert를 사용한다.

```
flavours.insert(1, "Lemon Sorbet") #this would add
'LemonSorbet' in position 1.
```

실전 연습

리스트를 아래와 같이 바꾸려면 어떤 명령어가 필요한가?

```
myList = [1, 2, 3, 4]
```

를

```
[1, 2, 3]
[2, 3, 4]
[1, 2, 3, 4, 5]
[2, 2, 3, 3, 4]
```

로 바꿔라.

해답

```
myList.remove(4) 또는 myList.pop(3)
```

```
myList.remove(1) 또는 myList.pop(0)
myList.insert(4, 5)
myList[0] = 2 그리고 myList.insert(2, 3)
```

다른 방법들도 있다는 점에 주의해라.

For 문

자바스크립트에서 일련의 코드를 일정 횟수만큼 반복하기 위해 루
프를 사용했다. 파이썬에서도 동일 작업을 할 수 있지만 형식이 약간
다르다.

```
for x in range(0, 3):
    print(x)
```

실행한 결과를 보자.

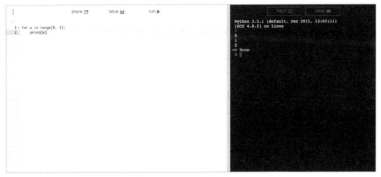

6-7

이제 감이 올 것이다. range(0, 3)은 0부터 3까지(하지만 포함하지는 않는)의 전체 숫자를 반복하라는 의미다. ':'는 루프 내용이 시작한다는 의미다. 그리고 루프가 실행될 때마다 x가 출력된다.

자바스크립트에서는 중괄호 { 와 }를 사용해서 루프의 범위를 정의했다. 여기서는 콜론(:)만 있다. 루프 범위를 설정하는 것은 들여쓰기(indentation)다.

직접 약간의 루프 작업을 해보자.

실전 연습

아래 결과를 루프를 통해 출력해라.

1 30까지의 3배수 테이블

2 100까지의 5배수 테이블

3 5, 4, 3, 2, 1 순서의 숫자

해답

1 ```
for x in range(0, 11):
     print(3*x)
```

2 ```
for x in range(0, 21):
     print(5*x)
```

3 ```
for x in range(0, 5):
     print(5-x)
```

---
```

For 문과 리스트

파이썬에서 For 문는 리스트의 값들을 차례로 실행하기 위한 목적으로 만들어졌다. 아래와 같이 정의된 리스트가 있다고 하자.

```
ages = [36, 35, 5, 1]
```

나이에 해당하는 모든 구성요소를 아래와 같이 출력할 수 있다.

```
for age in ages:
    print(age)
```

6-8

1년 후가 되면 모든 나이에 1을 더해야 할 필요가 생긴다. 이를 수작업으로 할 수도 있겠지만 루프를 이용하면 훨씬 깔끔하다. 이를 위해서는 리스트 안의 구성요소인 각 아이템에 대한 인덱스를 알아야 한다(첫 번째 아이템의 인덱스는 0이고 두 번째가 1이라는 사실을 기억해라).

현재 For 문로는 이 작업을 할 수 없다. 약간 다른 접근이 필요하다. 리스트를 반복하는 대신 인덱스를 반복한다. 0에서 시작해 리스트의

아이템 개수보다 하나 적은 수까지 반복한다. *len* 명령어를 사용해서
리스트 아이템의 개수 혹은 길이^{length}를 구할 수 있다.

```
print(len(ages))
```

이 경우에는 4를 출력한다.

6-9

이렇게 리스트의 인덱스를 반복하기 위한 범위를 구한다. range(0,
10)은 0부터 9까지 반복한다는 사실을 잊지 마라. 그래서 range(0,
len(ages))는 리스트 인덱스 각각을 루프한다.

마침내 우리는 리스트의 각 값에 1을 더해서 문제를 해결할 수 있
게 됐다.

```
ages = [36, 35, 5, 1]
for i in range(0, len(ages)):
    ages[i] = ages[i] + 1
print(ages)
```

for 문은 0부터 3까지 4번 반복하며 리스트의 각 아이템 값에 1씩
더한다. 다음 그림의 오른쪽 창에서 각 값이 1씩 증가한 것을 확인할

수 있다.

6-10

실전 연습

1 숫자 5개를 아이템으로 하는 리스트를 만들어라. 그리고 각 숫자
를 두 배로 만드는 for 문을 만들고 마지막으로 콘솔에 결과를 출
력해라.

해답

```
numbers = [10, 20, 30, 40, 50]
for i in range(0, len(numbers)):
    numbers[i] = numbers[i] * 2
print(numbers)
```

6-11

2 이름 4개를 아이템으로 하는 리스트를 만들어라. 리스트에 있는
각 이름을 반복하여 'Hello[name]' 형식으로 출력하라.

해답

```
names = ["John", "Paul", "Ringo", "George"]
for name in names:
    print("Hello " + name)
```

6-12

While 문

자바스크립트와 마찬가지로 파이썬에서도 반복 수행하기를 위해
While 루프를 이용할 수 있다. 아래와 같이 사용한다.

```
i = 0
while (i < 10):
    print(i)
    i = i + 1
```

변수 'i'를 0으로 설정해서 시작한다. 그리고 자바스크립트에서처럼 i가 10보다 작을 때는 계속 진행한다. i에 1씩 더해가면서 반복 수행한다. 출력값은 아래에서 볼 수 있는 것처럼 0부터 9까지다.

6-13

?!

도전 과제 1

While 루프를 사용해서 10부터 0까지 '카운트다운'을 출력해라.
위 사례를 살짝 변형하면 된다. – i를 10으로 설정해서 시작하고 while 조건과 마지막 계산식을 바꿔서 한번에 1씩 0이 될 때까지 뺄셈을 해라.

```
i = 10
while (i >= 0):
    print(i)
    i = i - 1
```

실행 결과는 아래와 같다.

6-14

앞서 실전 연습에서처럼 이름 4개를 아이템으로 하는 리스트를 만들어라. 이제 While 루프를 사용하여 동일한 결과를 만들어보자. 리스트에 있는 각 이름을 반복하여 'Hello [name]' 형식으로 콘솔창에 출력한다.

이번에는 리스트의 내용을 반복해서 실행하도록 While 루프를 사용한다. 절차는 매우 직관적이다. 처음에 i를 0으로 설정하고 어레이의 길이보다 적은 조건에서는 계속 진행한다. 아래 코드가 있다.

```python
names = ["John", "Paul", "Ringo", "George"]
i = 0
while (i < len(names)):
    print("Hello " + names[i])
    i = i + 1
```

6-15

If 문

If 문은 자바스크립트와 거의 똑같이 쓰인다. 만약 사용자가 게임을 하고 있고, 점수가 100점을 넘었는지 확인하고 싶다면 다음 코드를 이용한다.

```
score = 120
if score > 100:
    print("You have got over 100 points!")
```

6-16

'score'의 값을 바꿔서 결과가 어떻게 바뀌는지 살펴보자.

또한 'else'를 추가해서 If 문 값이 거짓일 때 일련의 코드를 진행할 수 있다.

```
score = 80
if score > 100:
    print("You have got over 100 points!")
else:
    print("Keep going!")
```

6-17

어떤 경우에는 2가지 조건이 동시에 모두 참인지 여부를 확인해야 할 때도 있다. 예를 들어 점수가 100점이 넘었고, 플레이 시간이 60초를 넘었는지를 동시에 확인한다고 하자. 이럴 때 *and 연산자*를 사용하면 된다. 두 조건이 동시에 참인지를 확인할 수 있다.

```
score = 110
timePlayed = 80
if score > 100 and timePlayed > 60:
    print("You have completed the level!")
else:
    print("Keep going!")
```

6-18

주의 : or 연산자를 동일한 방식으로 사용할 수도 있다. 둘 중 하나(또는 그 이상) 조건이 참인지 여부를 확인할 때 사용한다. 또 자바스크립트와 마찬가지로 ==를 사용하여 변수가 다른 값과 동일한지 테스트할 수도 있다.

```
username = "rob"
if username == "rob":
    print("Hi Rob!")
else:
    print("I don't know you")
```

또한 !=를 사용해서 두 변숫값이 서로 다른지 테스트할 수도 있다.

마침내 다른 조건을 찾기 위해 'elif' 명령어를 사용한다. 'elif'는 'else if'의 줄임말이다. 이는 여러 개의 If 문을 결합시킨다. 아래 코드는 사용자 이름으로 먼저 'rob'을, 그리고 이후에 'kirsten'을 찾는다.

```python
username = "dave"
if username == "rob":
    print("Hi Rob!")
elif username == "kirsten":
    print("Hi Kirsten!")
else:
    print("I don't know you")
```

실전 연습

1 'username'과 'password'라는 이름의 변수를 만들어라. 아래 4
가지 사항을 테스트하라.

- username과 password가 올바른지
- username은 맞고 password는 틀린지
- username은 틀리고 password는 맞는지
- username과 password 둘 다 틀린지

사용자에게 각각에 맞는 오류 메시지를 보여준다. 각 경우에 맞는 If
문을 사용해서 완성한다.

```python
username = "rob"
password = "myPassword"
if username == "rob" and password == "myPassword":
    print("Correct, you are logged in!")
elif username == "rob" and password != "myPassword":
    print("Your password is wrong")
elif username != "rob" and password == "myPassword":
    print("Your username is wrong")
else:
    print("Both your username and password is wrong")
```

6-21

2 For 문와 If 문을 결합해서 [8, 3, 5, 7, 0, 13, 20]라는 리스트를 반복하고, 7보다 큰 숫자를 출력해라. 이번에는 For 문 내에 If 문이 들어간다. 하지만 무척 간단한 구성이다.

```
numbers = [8, 3, 5, 7, 0, 13, 20]
for number in numbers:
    if number > 7:
        print(number)
```

6-22

?!

도전과제2

이번에는 어려운 도전이다. [7, 3, 4, 3, 8, 2, 1, 1, 2, 7, 8] 리스트를 반복하여 각 숫자를 한 번씩만 출력해라(즉, 7, 3, 4, 8, 2, 1). 이는 보기보다 어렵다. 이미 출력한 숫자에 대한 리스트를 만들어야 한다. 힌트를 얻고 싶다면 아래 해답을 먼저 훑어보는 것도 좋다. 행운을 빈다!

해답 : 우리가 지금까지 썼던 코드와 비교해서 분명히 가장 복잡하다. 리스트의 각 숫자를 위해서 'alreadyPrintedNumbers' 리스트를 반복해서 이미 출력된 숫자인지를 알아본다. 그렇지 않다면 코드는 숫자를 출력하고 'alreadyPrintedNumbers' 리스트에 추가한다.

```
numbers = [7, 3, 4, 3, 8, 2, 1, 1, 2, 7, 8]
alreadyPrintedNumbers = []
for number in numbers:
    alreadyPrinted = False
    for alreadyPrintedNumber in alreadyPrintedNumbers:
        if number == alreadyPrintedNumber:
            alreadyPrinted = True
    if alreadyPrinted == False:
        print(number)
        alreadyPrintedNumbers.append(number)
```

이번 문제를 이해했다면 훌륭하다. 분명 쉽지 않은 일이다.

6-23

정규 표현식

정규 표현식Regular expressions은 이해하기 까다로운 측면이 있지만 텍스트를 처리하는 효과가 강력하다. 이번 챕터 끝부분에서 특정 웹페이지의 모든 이메일 주소를 수집하기 위해 페이지에서 일정 데이터를 가져와서 처리할 때 사용할 것이다.

정규 표현식은 문자열을 검색해서 특정 정보 또는 서브스트링 substring(부분 문자열-옮긴이)을 추출할 때 사용한다.

정규 표현식은 파이썬 모듈module이 필요한 첫 번째 코드다. 모듈은 파이썬의 표준 기능을 확장하기 위해 가져다 쓸 수 있는 완성된 함수 파일을 일컫는다.

정규 표현식 모듈을 불러오기 위해 아래 코드를 사용한다.

```
import re
```

간단하다!

이제 실행해보자. 'My Name is Rob.'이라는 문자열에서 이름 Rob 을 추출해보자. 아래와 같이 할 수 있다.

```
import re
string = 'My Name is Rob.'
result = re.search('is (.*).', string)
print(result.group(1))
```

re 모듈을 불러오면서 시작한다. 그리고 이후에 문자열을 생성한다. 다음 줄에서 마법이 일어난다. 문자열을 검색하기 위해 re.search 함수를 사용한다. 그리고 이후에 정규 표현식 'is (.*).'을 사용해서 필요한 것을 찾는다. 이 표현은 기본적으로 '"is" 뒤와 "." 앞의 텍스트를 반환하라'는 의미다.

마지막으로 result.group(1)은 요구한 텍스트를 준다는 것이다. 실행해보자.

6-24

?!

도전 과제 3

정규 표현식을 사용해서 'The quick brown fox'라는 문자열에서 'quick'이라는 단어를 추출해라.

해답 :

```
import re
string = 'The quick brown fox'
result = re.search('The (.*) brown', string)
print(result.group(1))
```

정규 표현식에서 몇 가지 다른 문자열을 사용한다는 점에 유의한다. 예를 들어 'b'와 'brown fox'는 모두 (.*) 뒤에서 같은 역할을 한다. 확인해보자.

6-25

문자열을 나눠 리스트 만들기

이제 점점 웹스크래핑을 할 수 있는 능력에 가까워지고 있다. 만약 문자열에서 추출하고 싶은 여러 조각의 텍스트가 있다면 어떻게 할 것인가? 예를 들어 'Rob, Kirsten, Tommy, Ralphie'라는 문자열이 있다고 하자. 그리고 각각의 이름을 추출하고 싶다.

정규 표현식으로 가능하지만 다른 방법을 사용해보자. 문자열을 나눠서 리스트로 만든다.

string.split(",")라는 명령어를 이용한다. ","로 문자열을 나눈다는 의미다.

자 아래와 같이 문자열을 나눠보자.

```
string = "Rob,Kirsten,Tommy,Ralphie"
print(string.split(","))
```

주의 : 이번에는 'import re'가 필요 없다. 정규 표현식을 사용하지 않기 때문이다.

결과는 4개의 이름으로 된 리스트가 나온다.

6-26

도전 과제 4

'〈li〉John〈/li〉 〈li〉Paul〈/li〉 〈li〉George〈/li〉 〈li〉Ringo〈/li〉'라는 HTML
에서 각각을 리스트 아이템으로 나눠라.
해답 : 문자열을 나누기 위해 아이템 사이에 있는 공간을 사용한다.
아래 코드가 요령이다.

```
string = "<li>John</li> <li>Paul</li>
<li>George</li> <li>Ringo</li>"
print(string.split(" "))
```

실행해보자.

6-27

주의 : 그냥 string.split()을 공간으로 문자열을 나누는 데도 쓸 수 있다.

도전 과제 5

정규 표현식을 사용해서 앞의 HTML 코드에서 이름들을 추출하고 출력해라. 일단 리스트를 생성하면 아이템을 반복할 수 있다. re.search를 이용해서 이름만 추출한다.

```
import re
string = "<li>John</li> <li>Paul</li> <li>George</li> <li>Ringo</li>"
namesList = string.split(" ")
for name in namesList:
    result = re.search('<li>(.*)</li>', name)
    print(result.group(1))
```

아래와 같이 4개의 이름이 출력된다.

6-28

웹페이지 내용 가져오기

이제 웹스크래핑 프로젝트에 한층 더 근접했다. 한 가지 더 추가로 웹페이지의 내용을 가져오는 능력이 필요하다. 이메일 주소 명단처럼 필요한 정보를 추출하기 위해 작업할 데이터를 가져오는 것이다.

이를 위해서 새로운 파이썬 처리기를 사용할 필요가 있다. repl.it은 웹페이지에서 정보를 가져오는 기능을 지원하지 않는다. trinket.io을 사용한다. 이는 우리에게 필요한 모든 기능을 지원한다.

https://trinket.io에서 조금 아래로 내려오면 아래와 같은 박스를 찾을 수 있다.

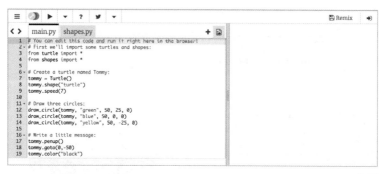

6-29

바라건대, 이것은 이제는 많이 친숙해졌을 파이썬 편집기다. 'play' 버튼을 클릭하면 몇 개의 원과 텍스트를 볼 수 있다. 현재 화면에 있는 코드의 출력 결과다.

하지만 우리에게는 필요 없는 코드이므로 모두 삭제하고 아래 코드를 입력한다.

```
import urllib.request
page = urllib.request.urlopen('http://www.example.com')
print(page.read())
```

이 코드는 urllib.request 모듈을 불러온다. 이를 통해 URL(웹 주소)에서 정보를 가져올 수 있다. 'request'라는 명령어로, www.example.com의 내용을 요청한다. 마지막으로 콘솔에 출력한다. 오류 없이 진행되면 콘솔 창에 www.example.com의 HTML을 볼 수 있다.

6-30

원하는 결과가 나왔다. 이제 위 코드에서 URL만 바꿔 어떤 웹 주소의 내용이든 가져올 수 있다. 원하는 주소를 시험해봐라.

파이썬 프로젝트 : 웹페이지로부터 데이터 추출하기

이제 마지막 프로젝트를 완성할 때다. 웹페이지의 내용을 가져와서 필요한 데이터를 추출한다. 이를 사용해서 tripadvisor.com에 소개된 장소의 모든 리뷰를 추출하거나, 웹사이트에서 이메일 주소를 모으거나, 음식 웹사이트에서 모든 레시피를 취합할 수 있다.

일단 robpercival.co.uk/sampledata.html에서 데이터를 가져온다. 약간의 이름과 주소, 이메일 주소, 전화번호가 담긴 간단한 테이블이다.

도전 과제는(이건 힘든 도전이다) 이번 장에서 배운 기술을 사용하여 테이블에서 데이터를 추출하는 것이다. 각 항목(이름, 주소, 이메일, 전화번호)에 하나씩 4개의 리스트를 만들어야 한다.

웹사이트의 코드를 살펴볼 필요가 있다(페이지에서 오른쪽 마우스 클릭을 하면 View Page Source 또는 이와 비슷한 표현의 메뉴가 있을 것이다). 더 이상의 힌트는 없다. 아래 해결 방법을 잘 살펴보길 바란다.

해답 :

가닥을 잡았는가? 아래에 내가 이 문제를 해결한 방법이 나와 있다. 우선 URL의 내용을 가져온다. 방금 배운 URL 데이터 가져오기 절차와 동일한 방법을 사용할 수 있다.

```
import urllib.request
page = urllib.request.urlopen('http://www.robpercival.
co.uk/sampledata.html')
print(page.read())
```

웹페이지의 HTML이 아래와 같이 출력된다.

6-31

HTML에 포함된 데이터를 볼 수 있다(익숙하지 않다면 앞선 HTML 내용에서 테이블 부분을 복습하는 것도 좋은 방법이다). 각 열의 HTML 문단은 아래와 같다.

```
<tr>
    <td>Moses York</td>
    <td>P.O. Box 998, 3708 Est Rd.</td>
    <td>et.magnis.dis@quamPellentesquehabitant.ca</td>
    <td>(728) 694-5147</td>
</tr>
```

필요한 데이터를 얻으려면 각 열을 나눠야 한다. 아래와 같이 string.split을 사용하자.

```
import urllib.request
page = urllib.request.urlopen('http://www.robpercival.
co.uk/sampledata.html')
string = page.read( )
rowList = string.split("<tr>")
print(rowList)
```

6-32

이제 페이지의 각 열에 포함된 HTML을 내용으로 하는 리스트를 생성했다. HTML 코드를 자세히 살펴보면 줄 구분이 '\n'으로 대체되어 있는 것을 알 수 있다. 이는 파이썬이나 다른 프로그래밍 언어에서 모두 문자열의 줄을 구분할 때 사용하는 표준적 방법이다.

다음에는 각 열을 나눌 필요가 있다. 이를 위해 *rowList*를 이용해서 반복하고 '\n' 기호를 이용해서 나누자.

```python
import urllib.request
page = urllib.request.urlopen('http://www.robpercival.
co.uk/sampledata.html')
string = page.read()
rowList = string.split("<tr>")
for row in rowList:
    rowContentList = row.split("\n")
    print(rowContentList)
```

이제는 리스트로 이뤄진 각각의 열이 생성됐다.

6-33

마지막 단계는 필요한 데이터를 추출하는 일이다. 이를 위해 re.search를 사용한다.

```
import urllib.request
import re
page = urllib.request.urlopen('http://www.robpercival.co.uk/sampledata.html')
string = page.read()
rowList = string.split("<tr>")
for row in rowList:
    rowContentList = row.split("\n")
    for lineOfHTML in rowContentList:
        if "<td>" in lineOfHTML:
            s = re.search("<td>(.*)</td>", lineOfHTML)
            print(s.group(1))
```

(import re를 잊지 마라!)

마지막 세 줄에서 HTML의 각 줄에 〈td〉 태그가 있는지를 확인한다(〈td〉 태그가 포함된 줄의 데이터 항목만 필요하기 때문이다). 만약 태그가 있다면 re.search를 이용해서 데이터를 추출한다.

이를 통해 아래의 출력 결과를 얻을 수 있다.

6-34

모든 데이터가 추출되긴 했지만 이를 별개의 리스트로 정리해보자. 리스트를 생성하고 각 리스트에 적절한 항목을 넣어보자.

```python
import urllib.request
import re
names = [ ]
addresses = [ ]
emailAddresses = [ ]
phoneNumbers = [ ]
page = urllib.request.urlopen('http://www.robpercival.
co.uk/sampledata.html')
string = page.read( )
rowList = string.split("<tr>")
for row in rowList:
    rowContentList = row.split("\n")
    i = 0
    for lineOfHTML in rowContentList:
        if "<td>" in lineOfHTML:
            s = re.search("<td>(.*)</td>", lineOfHTML)
        if i == 0:
            names.append(s.group(1))
        elif i == 1:
            addresses.append(s.group(1))
        elif i == 2:
            emailAddresses.append(s.group(1))
        else:
            phoneNumbers.append(s.group(1))
        i = i + 1
```

```
print(names)
print(addresses)
print(emailAddresses)
print(phoneNumbers)
```

새로운 코드는 숫자 변수 i를 사용한다. 그리고 i의 값에 따라 적절한 리스트에 데이터가 추가된다. 이제 출력된 결과를 훑어보면 모든 데이터가 수집된 것을 알 수 있다.

6-35

해냈다. 모든 과정을 스스로 해결했다면 축하할 일이다. 이는 간단히 해결할 수 있는 과제가 아니다. 이번 과제를 위해 우리는 리스트와 변수뿐만 아니라 루프와 If 문 같은 많은 프로그램 기법을 사용해야 했다. 2가지 파이썬 모듈을 불러들였고 웹사이트에서 데이터를 추출하기 위해 정규 표현식을 사용했다. 대단하다!

Summary Note

우리가 배운 기술들을 앱 개발과 웹의 세계에서 사용할 예정이다. 하지만 파이썬에 더 많은 시간을 투자하고 싶다면 무료 자료가 많이 나와 있다. 아래에 그 일부가 있다.

심화 학습

- www.codecademy.com/courses/introduction-to-python-6WeG3/ – 쌍방향 파이썬 강의

- www.tutorialspoint.com/python/ – 무료 파이썬 튜토리얼

- https://play.google.com/store/apps/details?id=com.sololearn.python&hl=en_GB – 파이썬을 배우기 위한 안드로이드 앱

- https://itunes.apple.com/gb/app/learn-python-pro/id953972812?mt=8 – 파이썬을 배우기 위한 아이폰과 아이패드 앱

PART
03

실전!
코딩

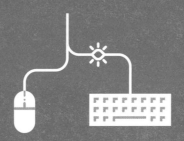

지난 20년 사이에 모든 것이 바뀌었다.

세계에서 가장 가치 있는 사업은 온전히 온라인에 존재한다.

거의 무일푼의 초기 자본으로 개인들이 만든 것들이다.

코드를 배우면 얼마간의 시간과 커피 몇 잔 값으로

어떤 아이디어든지 실행할 수 있다.

누구에게 허락을 구할 필요도 없다!

웹사이트 개발

실제로 웹사이트를 구축하는 데 첫 번째로 코딩을 활용할 것이다. 아마 웹사이트는 코드로 할 수 있는 가장 간단한 일이다. 하지만 매우 강력한 힘을 발휘한다. 세계의 누구나가 접근할 수 있는 무언가를 몇 분 안에 만들 수 있다는 점은 흥분할 만하다. 더구나 이 책을 지금까지 충실히 따라왔다면 어떻게 해야 이를 할 수 있는지를 이미 알고 있다.

우선 코딩의 세계가 '로컬' 컴퓨터(즉, 자기 책상 위의 컴퓨터나 랩톱)에서 인터넷을 통해 자신의 PC나 스마트폰과 연결된 '원격' 컴퓨터의 소프트웨어로 어떻게 변화하는지를 살펴본다.

다음은 웹 개발자가 아닌데도, 그저 재미를 위해서 아니면 직장에서 승진이나 온라인에서 자기 존재감을 부각하기 위해서와 같이 어떤 이유로 웹사이트를 만들고자 하는지 생각한다.

그리고 웹사이트를 만드는 3가지 방법에 대해 살펴본다. 위블리^{Weebly}나 스퀘어스페이스^{Squarespace} 같은 서비스를 이용하는 방법, 워드프레스^{Wordpress} 같은 콘텐츠 관리 시스템^{Content Management System}을 사용하는 방법, 마지막으로 백지에서 자신이 직접 코딩하는 방법이 있다. 3가지 방법의 장단점을 배우고 자신이 원하는 사이트의 특성에 따라 어떤 방법을 사용할지 결정한다.

마지막으로 정말 멋있는 사이트를 만들 수 있는 가장 인기 있는 프레임워크인 부트스트랩Bootstrap을 살펴보고 간단한 웹사이트 만들기 프로젝트를 실행한다.

이번 장을 끝마칠 때쯤 웹사이트를 만들고 호스팅하는 여러 가지 방법에 친숙해질 것이다. 자신이 원하는 어떤 프로젝트나 사업을 위해서든 그에 맞는 웹사이트를 만들 수 있을 것이다.

왜 웹사이트를 만드는가

수백 년 전에 사업을 시작하려 했다면 아마도 많은 자본이 필요했을 것이다. 최소한 물건을 판매할 영업 부지와 제품을 만들 직원이 필요하고 원재료를 조달받아야 한다.

지난 20년 사이에 모든 것이 바뀌었다. 세계에서 가장 가치 있는 사업은 온전히 온라인에 존재한다. 거의 무일푼의 초기 자본으로 개인들이 만든 것들이다. 코드를 배우면 얼마간의 시간과 커피 몇 잔 값으로 어떤 아이디어든지 실행할 수 있다. 누구에게 허락을 구할 필요도 없다!

사업을 시작할 생각이 없더라도 자신의 웹사이트를 만들고 싶은 이유는 많다.

블로그는 온라인에서 자기 이름을 알리는 좋은 방법이다. 반려견에 대한 사랑이나 원예지식을 나눌 수도 있고 심지어 지금 코드를 배우는 과정을 올릴 수도 있다. 잘만하면 같은 취미를 가진 사람들의 커뮤니티를 만들 수도 있다. 거기서 무슨 기회가 생길지는 아무도 모른다.

정기적으로 해야 하는 온라인 업무가 있다면 웹사이트를 통해 이를 자동화할 수도 있다. 다른 사람들도 같은 업무를 하고 있다면 자신의 툴을 공유할 수도 있다. 예를 들어 파이썬 부분에서 배운 웹스크래핑 코드는 아마존에서 가격이 바뀔 때를 알아보기 위해 사용할 수 있다. 그런 다음 웹페이지의 사용자가 특정 제품의 가격을 확인하여 특정 한계 값 아래로 내려가면 해당 제품을 주문하게 할 수 있다.

이 책의 뒷부분에서 특정 유형의 사이트를 만드는 법을 살펴본다. 지금 단계에서는 자신이 만들고 싶은 특정 사이트를 마음속에 간직해두자. 세상을 바꿀 만한 대단한 아이디어일 필요는 없다. 그저 이번 장에서 배울 내용을 적용하는 데 동기부여가 될 정도면 된다.

지금 시간을 잠깐 내서 아이디어를 적어보자. 이번 장을 읽어나가면서 해당 아이디어에 어떤 색다른 접근이 효과가 있을지 그리고 어떤 방법을 선택할지 생각해보자. 만약 정말 배움의 결실을 원한다면 이번 장의 끝부분에서 생각해둔 웹사이트를 만들어라.

웹사이트는 어떻게 작동하는가

나의 성장기와 함께했던 90년대 초의 BBC 마이크로컴퓨터는 통신망 연결이 없는 독립적인 컴퓨터였다. 테이프나 디스크를 통해 프로그램(소프트웨어)을 추가할 수 있었지만 모든 코드는 완전히 기기 자체에서만 돌아갔다.

인터넷이 발달하고 속도가 빨라지면서 이제 프로그램을 위한 코드를 '서버'라고 불리는 강력한 컴퓨터에 저장하는 것이 가능해졌다. 서버는 저장된 코드를 사용자의 컴퓨터로 보내서 브라우저라는 특별한 소프트웨어를 통해 실행한다. 처음에는 대부분의 이런 웹사이트들은 HTML과 CSS를 이용하여 코드화된 정보를 보여주었으며 동적인 기능이 없었다.

점차 웹사이트는 쌍방향 기능을 갖춰갔고 정적인 내용들만 보여주기보다는 사용자들이 포스트를 업데이트하고 이메일을 보내거나 심지어 영상을 시청할 수 있게 발전했다. 처음에는 이런 유형의 사이트들이 '웹앱webapps'으로 알려졌다. 비록 지금은 그 단어가 덜 사용되긴 하지만 웹사이트 자체와 동의가 되어갔다. 대부분 웹앱은 서버에서 실제 운영된다. 브라우저는 단지 결과(예를 들어 사용자의 이메일 또는 사용자 고양이의 사진)를 보여줄 뿐이다.

이 방식은 개발 속도가 가장 큰 장점이다. 내 BBC 마이크로컴퓨터에서 소프트웨어를 업데이트하기 위해서는 실제 디스크를 구해서 기기에 넣어야 했다. 이제 반대로 구글이 지메일 인터페이스를 업데이트하거나 자신의 블로그를 편집한다면 서버와 웹사이트에서 빠르게 변화가 일어나면서 세계 모든 사용자들의 컴퓨터를 즉시 업데이트한다.

심지어 워드프로세서와 이미지 에디터와 같은 전통적인 데스크톱 소프트웨어도 웹으로 연결된다. 크롬북Chromebooks 같은 일부 컴퓨터는 인터넷이 연결된 브라우저라고 볼 수 있다.

이런 현상을 어떻게 활용할 수 있을까? 우리는 HTML 코드 쓰는 법을 안다. 이제 세상과 자신의 코드를 공유할 줄 알아야 한다. 매우 간단하다. 도메인 이름과 웹호스팅이 있으면 된다.

도메인 이름은 어떻게 얻을 수 있는가

한마디로 도메인 이름은 웹 주소다. 모든 국가는 각자의 중앙 '도메인 대행업체'가 있다. 도메인 이름은 수많은 여러 공급자들에게서 구매할 수 있다.

도메인 이름을 살 때 실제로는 1년에 10파운드가량의 비용으로 빌리는 것이다. 일단 구매했다면 매년 계약을 갱신할 수 있는 권리가 생긴다. 하지만 계약을 갱신하지 않는다면 결과적으로 해당 주소는 주인이 사라져 누구나 살 수 있게 된다.

'도메인 구매'라는 문구로 검색하면 몇 가지 결과가 나온다. 이를 살펴보고 자신에게 적합한 공급자를 선택한다. 리뷰를 검토해보고, 가격에만 의존해서 결정하지 않는 것이 이상적이다. 싼 도메인 이름은 갖가지 수수료가 따라붙을 수 있다.

이미 좋은 이름은 팔린 경우가 많아 도메인 이름을 선택하기가 어려울 수 있다. 도메인 이름은 대개 개인 취향과 관련이 많지만 아래 사항을 고려하기 바란다.

- 가능하다면 .com이나 국가가 특정된 도메인(예를 들어 .co.kr)을 선택해라. 앞부분 이름을 잘 선택하지 못하더라도 이를 통해 더 기억에 남는

주소가 될 수 있다. 그리고 .boats 혹은 .black과 같은 불분명한 확장명에 비해 더 많은 신뢰를 얻을 수 있다.

- 타이핑하기 편하게 만들어라. Xpress와 같이 오자처럼 보이는 이름은 피해라(물론 자신의 브랜드 이름이 아니라면!).
- 키워드를 사용해라. 검색엔진에서 상위권으로 출력되길 바란다면 도메인 이름 안에 검색 키워드를 넣는 것은 멋진 출발이다. 예를 들어 반려견 코커 스패니얼과 관련된 블로그를 시작한다면 cockerspanielsblog.com라는 이름은 결코 나쁜 선택이 아니다(그리고 이 글을 쓰는 현재 주인이 없는 상태다).

아이디어를 찾기가 힘들다면 아래 사이트가 도움이 될 것이다.

- www.domainsbot.com/ – 이 사이트는 도메인 사이트를 검색해서 가능한 목록을 알려준다.
- www.namemesh.com/ – 두세 가지 단어를 결합시켜 사용 가능한 도메인 이름들을 보여준다.
- www.panabee.com/ – 자신의 키워드에 근거해서 도메인 이름과 회사 이름을 제안한다.

일단 도메인 이름을 결정했다면 선택한 공급자로부터 이를 구매할 수 있다(자신감이 없다면 1년으로 시작하는 것이 좋다).

웹호스팅은 무엇이고 어떻게 구하는가

사용자가 웹사이트를 방문했을 때 서버에서 파일들이 다운로드되어 사용자의 브라우저에 출력된다. 만약 사용자와 쌍방향 기능(로그인이나 검색 박스 같은)이 있는 사이트가 있다면 서버는 사용자에게 필요한 데이터를 제공하기 위한 코드를 실행한다. 또한 개인 이메일 주소처럼 도메인 이름과 연결된 다른 기능을 사용할 수 있다. 웹호스팅은 이런 기능들을 수행할 컴퓨팅 능력이고 이를 위한 서버의 공간이다.

웹호스팅 업체를 선택하기 위해서는 고려해야 할 몇 가지 까다로운 사항이 있다. 비용, 사용의 용이성, 사이트의 배열과 내용에 대한 제어 가능성 등을 따져봐야 한다. 이를 시작하기 위해 선택 가능한 2가지 주요 옵션을 살펴보겠다.

웹사이트 빌더Website builders

웹사이트 빌더는 웹사이트를 만들고 운영할 수 있는 가장 빠르고 간단한 방법이다. 일단 계약하고 나면 일정 범위의 템플릿과 스타일 중에서 원하는 내용을 선택하고 끌어놓기(drag-and-drop) 인터페이스로 사이트를 편집할 수 있다.

웹사이트 빌더는 월 기준 7~20달러 사이의 비용이 든다. 기능에 따라 가격이 정해지는데 온라인 스토어를 만들 수 있기도 하고 몇 번의 클릭만으로 블로그나 포트폴리오 사이트를 만들 수도 있다.

하지만 몇 가지 커다란 단점이 있다. 우선 자기만의 콘텐츠를 소유할 수 없다. 만약 다른 빌더로 옮기려면(아마 필요한 기능을 현재의 빌더가 제공하지 않기 때문에) 백지에서 새롭게 웹사이트를 다시 만들어야 한다.

또한 빌더가 제공하는 내용에 따라 웹사이트 설계 가능 범위가 한계 지어진다. 코더의 입장에서 자유롭게 만들고 싶은데 자신의 정확한 구상에 맞춰 사이트를 만들 수 있는 코딩의 자유가 줄어든다.

이런 이유 때문에 웹사이트 빌더로 사이트를 빠르게 만들고 운영할 수는 있지만 소중한 아이디어를 실현하고 소유할 사이트를 만드는 데는 그리 추천하지 않는다. 이번 장의 나머지 부분에서 다른 방법에 대해 집중해서 다루겠다.

그럼에도 불구하고 웹사이트 빌더에 관심이 있다면 아래 인기 있는 빌더의 목록이 있다.

- www.weebly.com/
- www.wix.com/
- www.squarespace.com/
- www.shopify.com/

공유 호스팅

작은 사이트로 시작한다면 그리고 웹사이트 빌더가 제공하는 기능에 비해 더 많은 자유와 소유권을 원한다면 공유 호스팅Shared hosting이 최선의 선택이다. 웹사이트를 소유하려면 웹사이트 파일과 이메일, 데이터베이스를 담는 호스팅 계정이 필요한데 이는 공급자가 제공한다. 공유 호스팅은 하나의 서버를 여러 개의 호스팅 계정이 공유하는 형태를 말한다. 이는 웹사이트를 호스팅하는 매우 효율적인 방법이다. 그 결과, 비용이 매우 저렴하다. 호스팅 패키지에 대해 한 달 기준

4~10달러의 비용을 예상할 수 있다.

웹사이트 빌더에 비해 공유 호스팅은 자신의 콘텐츠를 온전히 소유할 수 있다는 것이 큰 장점이다. 서버에서 자신의 사이트를 다운로드할 수 있고 원한다면 다른 공급자로 옮길 수 있다. 사이트를 위해 완전한 코딩을 할 수도 있다. 그래서 자신의 상상력 끝이 코딩의 한계가 된다.

도메인 이름에 따라 '웹 호스팅web hosting'이라는 검색어를 입력하면 너무 많은 웹사이트가 나와서 선택이 어려울 수 있다. 아래 선택을 도와줄 몇 가지 기준이 있다.

- 고객 응대 서비스를 점검해라. 계약하기 전에 '해당 패키지에서는 이메일 주소를 몇 개까지 제공하나요?' 같은 몇 가지 질문을 보내라. 얼마나 빨리 응답이 돌아오는지를 살펴본다.

- trustpilot.com와 같은 사이트에서 리뷰를 살펴봐라.

- 자기에게 필요한 사항을 고려해라. - 작은 사이트를 계획한다면 아마 다음과 같은 사항이 필요할 것이다.

  ▶ 500MB 웹 공간(이는 웹사이트 파일을 저장하기 위한 하드드라이브 공간이다.)

  ▶ 1GB 대역폭(이는 서버에서 사용자의 컴퓨터로 전송되는 콘텐츠의 양이다.)

  ▶ 1~5개의 이메일 주소

  ▶ 데이터베이스

  ▶ 워드프레스와 같은 흔히 사용되는 소프트웨어의 원클릭 인스톨(워드프레스에 대해서는 곧 배운다.)

- 가격만 따지지 마라. 대부분 어느 정도의 서비스 지원이 필요하고 또 빠

르고 안정적인 하드웨어를 원한다. 물론 이런 것들은 가장 싼 공급자에게서는 기대할 수 없다.

아마도 같은 공급자에게 도메인 이름과 웹 호스팅을 구매할 수 있다. 이는 한곳에서 모든 것이 구현되므로 매우 편리하다. 하지만 일부 사람들은 예를 들어 원하는 도메인 이름 때문에 다른 공급자를 이용하기도 한다. 이는 개인의 결정이기는 하지만 나는 다른 공급자를 사용할 것을 추천한다. 모든 계란을 한 바구니에 담지 않기 위해서다.

웹호스팅을 구한 이후 할 일

아마도 도메인 이름을 구입했고 웹호스팅을 셋업했다고 가정하자. 이제 무엇을 해야 하나?

첫째 웹호스팅 공급업자가 제공하는 안내책자가 있는지 찾아보자. 이를 통해 이메일 주소를 설정하고 파일을 업로드하는 것과 같은 기본 사항을 포함하여 제어창 조작법에 대한 안내가 나와 있을 것이다. 이는 공급업자에 따라 종류가 다양하므로 여기서 다루지는 않겠다.

웹호스팅을 구했다면 사이트를 만들고 운영하는 데 2가지 선택 사항이 있다. 이를 살펴보자.

콘텐츠 관리 시스템

콘텐츠 관리 시스템CMS, Content Management Systems은 웹사이트를 관리하고 정비하기 위해 웹호스팅 공간에 설치하는 소프트웨어다. 이는 웹사이트 빌더와 약간 비슷하지만 모든 콘텐츠를 소유할 수 있다.

현재 가장 인기 있는 콘텐츠 관리 시스템은 워드프레스다. 이는 2003년에 블로깅 플랫폼으로 개발됐다. 하지만 지금은 모든 웹사이트 중 25%가 CMS를 쓰고 있다. 정말 높은 비중이다.

광범위하게 쓰이기 때문에 워드프레스에서는 많은 종류의 테마와 플러그인을 사용할 수 있다. 그리고 대부분은 무료다. 또 오픈소스로 운용되기 때문에 자유롭게 사이트에 맞춰 필요한 방향으로 수정해서 사용할 수 있다. 나도 많은 워드프레스 사이트를 직접 만들었다. 어떤 사이트를 구상하든 이를 강력하게 추천한다.

워드프레스 시작하기

워드프레스에 대한 전체 튜토리얼을 다루기에는 이 책으로 부족하다. 하지만 아래 단계들을 따라오면 시작하기에는 충분하다.

1. 원클릭 설치

웹호스팅 공급업자가 제공하는 제어창에는 워드프레스를 매우 쉽게 설치할 수 있는 아이콘이 분명 있을 것이다. 보이지 않는다면 제공업자에게 문의한다.

일단 워드프레스를 설치하면 워드프레스 대시보드로 들어간다. 여기서 사이트의 페이지를 만들고 편집할 수 있다. 만약 사이트를 블로그로 운영한다면 블로그 포스트를 쓸 수도 있다. 또한 여기서 사이트의 다른 측면도 관리가 가능하다. 왼쪽 메뉴를 클릭하면 웹사이트 콘텐츠를 바꾸고 추가하는 법을 빠르게 알 수 있다.

화면 왼쪽 위에 있는 'home' 아이콘에 마우스 커서를 올리고 'Visit Site'를 클릭하면 자신이 만든 디폴트 웹사이트를 볼 수 있다. 이는 아래와 같은 모습이다.

Confident Coding Demo Site
Just another WordPress site

Hello world!

29th August 2016   Welcome to WordPress. This is your first post. Edit or delete it, then
1 Comment   start writing!
Edit

Search ...

RECENT POSTS
• Hello world!

RECENT COMMENTS

7-1

현재는 내용이 별로 없다. 자신이 원하는 사이트 모습을 갖추기 위해 테마를 설치하는 것이 첫 변화일 것이다.

2. 테마 선택하기

워드프레스에는 어마어마한 종류의 무료 테마가 있다. Appearance → Themes → Add New 메뉴를 차례로 클릭하여 대시보드 안에서 테마를 검색하고 살펴볼 수 있다. 선호하는 테마를 발견하면 설치 이후에 'Activate'를 클릭한다. 그리고 사이트를 다시 로드하면 테마가 실행되어 있는 것을 볼 수 있다. 테마 이미지와 정확하게 일치하는 모습이 아닐 수도 있다. 내용을 추가해야 한다. 아마도 Customiser 메뉴 (Appearance → Customise)에서 설정을 일부 변경해야 한다.

원하는 만큼의 수준 높은 외관을 만드는 데 무료 테마가 적합하지 않을 때도 있다. 그런 경우에는 프리미엄 테마 구입을 고려하는 것도 괜찮다. 일반적으로 프리미엄 테마는 유연한 디자인으로 더 보기 좋은 외관을 제공한다. 그리고 테마와 관련된 문제가 발생할 때 직접적인 사후 서비스도 가능하다. 30~40달러는 매우 합리적인 투자가 될 수 있다. 아래에 가장 인기 있는 사이트 목록이 있다.

- https://themeforest.net/category/wordpress
- www.themecircle.net/
- www.templatemonster.com/wordpress-themes.php
- www.elegantthemes.com/

일단 테마를 설치하고 이에 만족한다면 사이트에 적합하게 수정한다. 그리고 콘텐츠를 추가해보자.

3. 플러그인 사용하기

워드프레스를 사용하는 또 다른 큰 장점은 사이트를 위한 추가 기능이 필요할 때 어김없이 사용 가능한 플러그인이 존재한다는 사실이다. 그리고 대부분은 완전히 무료다.

Plugins → Add New 순서로 클릭하여 자기가 원하는 새로운 플러그인을 찾을 수 있고 추가할 수 있다. 검색이 항상 최상의 결과를 보여주는 것은 아니다. 나는 일반적으로 'Wordpress plugin[내가 원하는 기능]' 형식의 내용으로 구글 검색을 한다. 그리고 플러그인을 찾아내면 그 플러그인 이름으로 대시보드에서 다시 검색한다.

플러그인은 메일 양식이나 구글 지도와 같은 간단한 내용을 사이트에 추가할 수 있게 한다. 또한 사이트를 소셜 네트워크 형식으로 변형하거나 이커머스 플랫폼에 올릴 수 있는 기능이 있다. 이런 기능들을 포함해 플러그인은 투자할 만한 가치가 있다.

사이트 직접 코딩하기

내가 웹사이트를 처음부터 마지막까지 직접 민드는 방법을 왜 우선적으로 다루지 않았는지 의아할 수도 있다. 이는 단지 웹사이트를 빨리 만들고 운영하기를 바란다면 대개는 워드프레스 같은 CMS를 이용하는 것이 최고의 방법이기 때문이다.

만약 CMS에 따라오는 설정과 복잡함을 피하고 싶다면 사이트를 처음부터 직접 구축하기를 원할 수도 있다. 이를 통해 사이트의 콘텐츠에 대해 완벽하게 제어할 수 있고 웹사이트 기능이 어떻게 전체적으로 이루어지는지 배울 수도 있다.

여기에서 가장 간단한 사이트를 약간의 HTML을 추가해서 직접 구축해보자. 그리고 마지막으로 부트스트랩 같은 프레임워크를 사용해서 웹사이트를 여러 가지 화면 크기에 맞춰 구성하는 법에 대해서도 살펴보자[이는 반응형 웹사이트^{responsive website} 구축이라고 알려져 있다].

index.html 편집하기

웹호스팅 제어창에 파일 관리자가 포함돼야 한다. 이를 통해 파일에 접근하고 편집할 수 있다. 파일 관리자에 들어가서 'public_html'이라는 이름의 폴더를 찾는다. 여기에 자신의 웹사이트 파일이 저장된다(이 폴더를 찾지 못한다면 웹호스팅 공급자에게 문의해라).

일단 해당 폴더를 찾았다면 index.html이라는 파일을 찾는다. 만약 파일이 존재하지 않는다면 이를 만들고 편집한다(다시 말하지만 이를 파일 관리자 안에서 할 수 있어야 한다). 아래 코드를 추가한다.

```
<h1>Hello World</h1>
```

이제 파일을 저장하고 브라우저에 도메인 이름을 연다. 아래와 같은 모습을 볼 수 있어야 한다.

7-2

만세! 이제 HTML 페이지를 전 세계에서 볼 수 있게 됐다. 물론 지금까지 배운 모든 종류의 HTML과 CSS, 자바스크립트를 사용해서 이제 자신의 웹페이지를 만들고 꾸밀 수 있다.

FTP 사용하여 웹사이트 파일 관리하기

파일 관리자를 통해 코드를 타이핑하여 복잡한 사이트를 구축하는 일이 상당히 번거롭게 생각될 수 있다. 당연하다. 사이트를 편집할 때마다 제어창에 접속하고, 파일 관리자를 열고, 파일을 찾고, 편집창을 열어서 일을 시작해야 한다.

파일 관련 작업을 위한 더 나은 방법은 FTP^{File Transfer Protocol}를 이용하는 것이다. FTP는 웹사이트 파일에 접근해서 직접 업로드, 다운로드, 편집할 수 있게 한다. 파일 관리자를 이용하는 것보다 훨씬 편리하다.

웹호스팅 공급자로부터 FTP 설정을 구할 수 있어야 한다. FTP 프로그램만 구하면 된다. 아래 무료 사이트가 있다.

- https://filezilla-project.org/ – 윈도우, 맥, 리눅스.
- www.smartftp.com/ → 윈도우 전용.
- www.coreftp.com/ – 윈도우 전용.
- https://cyberduck.io/ – 맥 전용.

나는 모질라 파이어폭스 브라우저의 부가프로그램인 FireFTP를 사용한다. 모든 플랫폼에서 작동하고 사용하기 매우 쉽다. 이를 얻으려면 우선 www.firefox.com에서 파이어폭스를 다운로드하고 이후에 http://fireftp.net/에서 FireFTP를 다운로드한다.

프로그램을 설치했다면 FTP 로그인 정보를 입력한다. OK를 클릭하고 Connect를 클릭한다. 만약 잘 진행된다면(만약 접속이 안 된다면 웹호스팅 공급자에게 문의해라) 서버의 파일 목록을 볼 수 있다. 그리고 public_html 폴더에 들어가서 자신의 웹사이트 파일을 볼 수 있다.

index.html 파일을 찾았다면 마우스 오른쪽을 클릭해서 'Open' 메뉴를 통해 직접 텍스트 편집기 안에서 파일을 편집할 수 있다. 다른 방법으로는 컴퓨터로 이를 다운로드하여 편집한 후에 이를 다시 업로드할 수도 있다.

웹 프레임워크 사용하기

아마도 웹사이트가 그리 아름답지는 않을 것이다. 주로 사이트의 내용에 집중했고 브라우저에 어떻게 이를 보여줄지를 맡겨 놨기 때문이다. 웹페이지가 돌아가긴 하지만 아마 90년대에 만든 것처럼 보일 것이다.

스스로 훌륭한 디자이너라면 마음속 구상에 맞춰 사이트를 꾸밀 수 있다. 하지만 대부분은 웹 프레임워크를 사용하는 것이 빠른 해결책이다. 기본적으로 사이트를 멋지게 보여주는 CSS와 자바스크립트의 집합이다.

프레임워크는 웹사이트를 쌍방향으로 기능하게 한다. 각기 다른 화면 크기와 기기에 맞추어 화면을 조정해서 출력한다. 웹 검색의 절반 이상이 모바일 기기에서 이루어지는 상황에서 이는 매우 중요한 기능이다. 잠깐 어떻게 작동하는지 살펴보자.

아래 사이트를 포함해서 사용 가능한 프레임워크가 많이 있다.

- http://foundation.zurb.com/
- http://firezenk.github.io/zimit/
- http://ink.sapo.pt/
- www.99lime.com/elements/

각 사이트에서 제공하는 목록들을 마음껏 살펴본다. 하지만 우리는 가장 인기 있는 웹 프레임워크인 부트스트랩에 집중한다.

부트스트랩은 트위터 직원 두 명이 만들었지만 자체적인 생명력으로 현재 사용되는 상위 백만 웹사이트 중 15% 이상이 이를 사용한다. http://getbootstrap.com에서 현황을 살펴볼 수 있다.

부트스트랩 설정에 대한 안내는 http://getbootstrap.com/gettingstarted/에 나와 있지만 http://robpercival.co.uk/bootstrap.html에서 코드를 복사하여 자신의 index.html에 붙여 넣어 시작하는 방법이 빠르다. 실행해보자.

데모 페이지는 아래와 같은 모습이다.

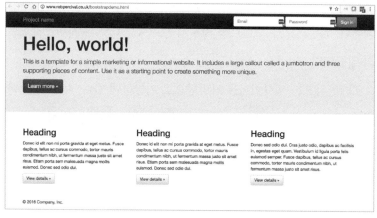

7-3

기본 HTML 페이지보다는 나은 모습이다. 모든 표준 HTML 기능들, 폼, 버튼, 그리고 심지어 기본 텍스트 등이 이전보다 더 보기 좋고 사용하기도 편리해졌다.

페이지의 HTML 전체를 살펴보면 헤더에 부트스트랩 CSS 링크 그리고 아랫부분에 자바스크립트 코드가 있는 것을 알 수 있다. 페이지의 배열과 외관을 만드는 코드다.

쌍방향 기능을 알아보자. 브라우저 창의 너비를 바꿔보면 아래와 같이 콘텐츠가 자동적으로 조정되는 것을 볼 수 있다.

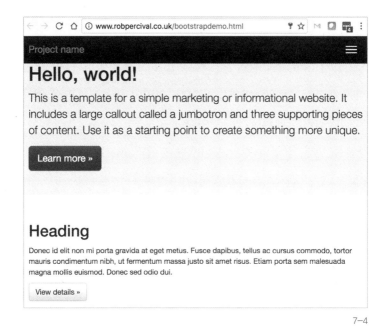

7-4

이는 중단점^{breakpoints}을 사용한 기능이다. 사이트가 사용자 화면의 너비를 탐지하고 적절하게 콘텐츠를 출력한다.

부트스트랩으로 할 수 있는 일은 정말 많다. 그리고 이를 모두 다루기에 이 책으로는 부족하지만 주요 웹사이트인 http://getbootstrap.com에는 시작을 도와주는 가이드가 있고 실전 사례가 많이 나와 있다.

부트스트랩을 배우고 싶다면 이를 이용해 사이트를 구축하고 그 과정에서 텍스트 편집기로 내용을 알아간다.

웹사이트 개발 프로젝트: 웹사이트 구축하기

이제 마지막 단계로, 웹사이트를 구축하는 것이다. 어릴 적 장난감에 대한 사랑을 기록한 워드프레스 블로그든 미약하나마 집에서 만든 장신구를 파는 가게든 스스로 코딩한 페이스북 킬러이든 상관없이 웹사이트를 만들고 세계와 공유하라.

사이트가 성공적이냐 여부는 현재 관심 사항이 아니다. 이 도전의 목적은 목표를 현실로 바꾸는 일이다. 그리고 만들어가면서 웹사이트의 작동원리를 배워나가는 것이다.

행운을 빈다. 작업의 결과가 나오면 트위터 @techedrob로 보내라. 여러분이 만든 웹사이트를 손꼽아 기다리겠다.

Summary note

지금까지 HTML과 CSS, 자바스크립트에 대해 배우는 것에서 이를 이용해 진짜 웹사이트를 만들고 세계와 공유하는 것까지 배웠다. 사이트를 만들어야 하는 몇 가지 이유와 웹사이트가 소프트웨어와 어떻게 다른지에 대해서도 살펴봤다. 이후에 도메인 이름과 웹호스팅에 대해 배웠고 웹사이트를 인터넷과 연결하는 다른 방법에 대해서도 알아봤다. 마지막으로 워드프레스와 같은 CMS와 부트스트랩 같은 프레임워크를 사용하는 법도 살펴봤다. 부트스트랩을 통해 외관을 꾸미고 쌍방향 웹사이트의 작동원리에 대해서도 배웠다.

이제 웹사이트 부분을 마무리하고 우리의 코딩 기술을 이용해서 모바일 기기를 위한 앱을 어떻게 만들 수 있는지를 살펴보자. 우선 아이폰과 아이패드를 위한 앱부터 시작한다. 이는 웹사이트 작업과는 상당히 과정이 다르다. 하지만 많은 원칙은 동일하다. 앱은 우리의 콘텐츠를 사용자가 이용할 수 있게 하는 완전히 새로운 방식이다. 정말 간단하게 시작할 수 있다. 출발이다!

심화 학습

이전 챕터의 HTML과 CSS, 자바스크립트, 파이썬에서와 마찬가지로 웹 개발의 모든 측면에서 도움을 받을 수 있는 전반적인 강의가 있다.

- www.udemy.com/the-complete-web-developer-course-2/ – 웹 개발의 모든 측면을 배울 수 있는 실전 사례와 프로젝트를 이용한 (내가 만든)전체 웹 개발 코스.
- www.open.ac.uk/courses/modules/tt284 – 웹 기술과 개발 응용의 기초를 다루는 공개 대학 강의.
- www.theodinproject.com/courses/web-development-101 – 웹 개발에 관한 오픈 소스 무료 온라인 코스.

08

아이폰과 아이패드를 위한
앱 개발

이제 아이폰과 아이패드에서 사용할 수 있는 앱을 개발하는 법에 대해 배울 예정이다. 앱 열풍에 관한 뉴스가 매주 나오고 있다(이 글을 쓰는 현재는 '포켓몬 고'다). 그리고 코더를 흥분시키는 뉴스는 종종 이런 성공적인 앱이 큰 회사보다는 개인이나 소규모 그룹에 의해 만들어진다는 점이다.

게다가 최고의 앱은 한 가지 기능으로 이루어졌다는 점이다. 엄청나게 복잡할 필요가 없다. 예를 들어 2007년 개발된 포켓^{Pocket}은 네이트 위너가 독학으로 코딩을 배운 후 개발했다. 이는 사람들이 웹의 기사들을 저장한 후 나중에 읽을 수 있게 해주는 앱이다. 지금 2천2백만 명이 사용하고 750만 달러의 투자를 유치했다.

이번 챕터에서 환율 계산기 앱을 만드는 법을 살펴보고 이를 자신의 컴퓨터 시뮬레이터에서 실행시켜볼 것이다. 라벨과 버튼과 같은 사용자 인터페이스를 추가하고 아이폰 앱 개발을 위해 사용되는, 애플이 디자인한 언어인 스위프트^{Swift}를 이용해 약간의 코딩을 한다.

아이폰 앱을 만들기 위한 소프트웨어는 맥에서만 작동한다는 점에 주의한다. 맥이 없다면 아이폰 앱 개발을 시작하기 위해서 하나를 구해야 한다. 가능하다면 친구에게서 맥북을 한두 주 빌리는 것을 추천한다. 만약 앱 개발에 관심이 많다면 애플 랩톱에 투자할 만하다. 다음 챕터인 안드로이드 앱 개발로 건너뛰어도 좋다. 이는 윈도우, 맥, 리눅스 등 모든 플랫폼에서 가능하다.

앱이란 무엇인가

바보 같은 질문으로 들릴지도 모르지만 앱과 웹사이트가 어떻게 다른지 분명히 짚고 가는 것이 좋다. 지금까지 봤듯이 웹사이트는 서버에 저장된다. 스마트폰이나 컴퓨터에 다운로드하여 브라우저에서 볼 수 있다. 앱은 다르다. 앱의 코드는 기기에 저장되고 완전히 오프라인으로 실행할 수 있다.

이미 언급했던 바와 같이 앱에 종종 온라인 기능이 있는데 이를 통해 메시지나 날씨 업데이트와 같은 정보를 얻을 수 있다.

웹사이트가 서버에 저장되고 사용자의 기기로 다운로드되는 반면에 앱은 기기 자체에 저장된다. 본래 소프트웨어가 컴퓨터에 저장되는 것과 유사하다.

이번 챕터에서 아이폰과 아이패드의 운영시스템인 iOS를 위한 앱을 만들어보자.

시작하기: 엑스코드 다운로드

앱은 흔히 전문 코더만이 할 수 있는 신비로운 과정으로 보일 수도 있지만 실제로는 매우 간단하다. 아이폰(또는 아이패드) 앱을 개발하기 위해서 맥과 엑스코드^{Xcode} 사본 외에 더 필요한 것은 없다. 엑스코드는 애플에서 만든 일종의 소프트웨어다.

https://developer.apple.com/download/에서 엑스코드를 다운로드한다. 애플 개발자 계정이 없다면 새로 만들어야 한다. 애플 개발자 계정 등록은 유료이고, Xcode 다운로드 및 설치는 무료로 가능하다.

일단 로그인했다면 엑스코드 최신 버전을 다운로드한다. 파일이 상당히 커서(대략 4GB) 인터넷 연결에 따라 기다리는 동안 차를 한잔 마셔도 된다.

다운로드가 완료되면 설치한다. 그저 다운로드한 파일을 클릭하면 된다. 대개 수분이 소요된다. 끝나면 시작 화면을 볼 수 있어야 한다 (앱을 위한 템플릿을 선택하라는 질문이 있는 화면을 볼 수 없다면 엑스코드 앱을 열고 화면 왼쪽 위 메뉴에서 File → New → Project 순서로 클릭해라).

앱 설정 절차

화면 4개로 시작한다. 각 화면에 앱을 위한 여러 옵션이 나와 있다. 첫 번째(위쪽) 화면에서 앱을 위한 몇 가지 템플릿 중 하나를 선택한다. 'Choose a template for your new project' 문구 바로 아래 메뉴에서 iOS가 선택됐는지 확인한다. 그런 후 'Single View Application'을 선택한다. 편집을 위해 빈 페이지가 하나 있는 앱을 만든다(앱 개발에서 'view'라고 알려져 있다).

게임과 'Master-Detail Application' 같은 다른 앱 템플릿도 볼 수 있다. 자유롭게 시험해보고 무엇을 하는지 살펴본다. 하지만 여기서 는 Single View Application을 다룬다.

'Next'를 클릭하면 옵션 화면을 볼 수 있다.

- 먼저 제품명Product Name을 기입해라. — 원하는 문구를 기입해라. 하지만 'Demo App' 같은 이름을 추천한다.
- 조직명Organization Name에는 자신의 회사나 이름을 기입할 수 있다.
- 조직 식별자Organization Identifier는 도메인 이름의 역순과 비슷하다. 'com.이름' 비슷한 것을 선택해라.
- 이름과 식별자는 자신의 앱을 앱스토어에 제출할 때만 사용된다. 이 시점에서는 아무 이름이나 원하는 대로 사용할 수 있다.

다른 선택 사항들은 그대로 남겨놓는다. 우리는 스위프트 언어를 사용해서 아이폰을 위한 앱을 개발한다. 'Next'를 클릭하면 어디에 저장할지를 묻는다. 자신의 문서 폴더처럼 적당한 위치를 지정하고 'Create'를 클릭한다.

잠시 후에 엑스코드 인터페이스를 볼 수 있다. 그리고 자신의 앱이 만들어질 것이다. 축하한다!

엑스코드 인터페이스

엑스코드 기본 화면이다. 화면에 익숙해지도록 잠시 시간을 들여 살펴본다.

일반적인 File, Edit… 메뉴 밑에 'Play' 버튼이 있는 메뉴 바가 왼쪽에 위치한다. 이 버튼을 누르면 앱을 실행할 수 있다. 한번 시도해봐라. 대략 30초 후에 작은 빈 화면의 팝업창이 생성된다. 세상에서 제일 재미있는 앱은 아니다. 그저 빈 화면일 뿐이다. 하지만 이제 시작이다. 이는 시뮬레이터다. 여기서 우리는 실제 아이폰 없이도 앱을 시험해볼 수 있다.

실제 아이폰처럼 사용할 수 있다. Hardware → Home 순으로 클릭해보라. 익숙한 아이폰 홈 화면을 볼 수 있다. 일반적인 아이폰처럼 사용할 수 있다.

메뉴 바의 오른쪽에 몇 개의 버튼이 있다. 이를 통해 인터페이스를 목적에 맞춰 조정할 수 있다.

- 원이 겹쳐 있는 버튼은 보조 편집기Assistant Editor를 보여준다. 2개의 편집 창으로 작업할 수 있다(이는 나중에 매우 유용하게 쓰인다).
- 오른쪽에 있는 3개의 파란색 직사각형 버튼은 왼쪽, 아래쪽, 오른쪽으로 오갈 수 있게 해준다. 시도해봐라!
- 화살표 2개가 있는 버튼은 버전 편집기를 보여준다. 여기서는 사용하지 않는다.

화면의 중심부에는 다음과 같은 내용이 있다.

- 왼쪽 구획은 앱을 만드는 파일의 목록을 보여준다. 더 자세한 사항을 짧게 살펴볼 것이다.

- 가운데 창은 우리가 작업할 대부분의 공간이다. 지금은 우리 앱의 몇 가지 설정을 보여준다. 또한 파일을 편집하고 앱의 라벨과 끌어놓기 버튼을 사용할 것이다.
- 오른쪽 구획은 마우스 포인터의 위치에 따라 내용을 보여준다. 우리가 무엇을 선택하는가에 따라 다른 정보를 출력한다. 지금은 아무것도 선택하지 않았기 때문에 아무런 내용도 나오지 않지만 사용자 인터페이스를 만들면서 자주 사용할 예정이다.

마지막으로 시뮬레이터에서 앱을 실행한다면 화면 아랫부분에서 콘솔을 볼 수 있다. 여기에는 앱에 대한 약간의 정보가 들어 있다.

이곳에서 오류 메시지와 디버깅 정보를 볼 수 있다. 매우 유용하다.

여기까지다. 이제 엑스코드 인터페이스와 어느 정도 친숙해졌다. 이제 앱 개발을 시작하자.

앱에 라벨 추가하기

엑스코드에는 앱에 사용자 인터페이스 요소를 추가할 때 유용한 끌어놓기 시스템이 있다. 이제 라벨 형식의 텍스트를 약간 추가하면서 시작해보자.

왼쪽 구획에서 Main Storyboard를 선택한다. 오른쪽 사각형 전체를 보기 위해 -/+ 버튼을 클릭하거나 pinch-to-zoom 메뉴를 사용한다.

View Controller 사각형은 아이폰 앱 화면을 나타낸다. 그리고 현재는 비어 있다. 이를 클릭하면 더 많은 설정과 제어 옵션을 포함한 화면으로 바뀐다.

오른쪽 화면의 아랫부분에서 이제 Object Library를 볼 수 있다. 앱으로 끌어다 놓을 수 있는 오브젝트 목록을 보여준다. 'Filter' 박스에 'label'이라고 쓴 후 가운데 창에서 아이폰 화면 안으로 라벨을 끌어다 놓는다.

끌어다 놓으면서 파란색 점선 형태의 안내선이 나타나는 것을 볼 수 있다. 라벨의 위치를 정하는 데 도움을 준다. 화면의 중심부에 위치시킨다.

이제 위의 사항을 모두 마쳤다면 앱을 실행하자(왼쪽 위의 Play 버튼, 또는 cmd-R). 그리고 어떤 모습인지 살펴보라. 아래와 같은 모습이어야 한다.

○ ○ ○ iPhone SE – iOS 10.0 (14A5339a)

Carrier 📶 1:39 PM 🔋

Label

8-1

자신의 첫 번째 내용이 있는 아이폰 앱이다. 축하한다!

(파란 점선을 이용했음에도 불구하고 'label'이 화면 정중앙에 위치하지 않은 점에 주목한다. 이는 시뮬레이터에서 실행되는 아이폰이 중앙 구획의 아이폰과 다르기 때문이다. 내 경우에는 시뮬레이터에서 실행되는 것은 아이폰 SE이고 중앙 구획에 보이는 것은 더 큰 화면의 아이폰 6S이다. 자유롭게 'iPhone SE' 버튼을 클릭해서 시뮬레이터 기기를 바꿔라. 또는 'View as: iPhone 6s' 버튼을 클릭해서 중앙 구획에 보이는 기기로 바꿔라. 나는 일을 단순화하기 위해 이제부터 양쪽 모두 아이폰 6S를 사용한다.)

라벨 바꾸기

이제 라벨을 추가했다. 라벨이 선택되어 있는지 확인하고 오른쪽 구획에 어떤 정보가 있는지 살펴보자. 폰트와 컬러, 텍스트를 포함하는 드롭다운 메뉴 목록이 나온다. 대부분 선택 메뉴는 이름만으로 그 내용을 알 수 있다. 이를 하나씩 클릭해서 무슨 역할을 하는지 살펴보자.

> **실전 연습**
>
> 라벨을 핑크색에 녹색의 음영이 있는 'Hello World'로 바꿔보자.

텍스트 필드 추가하기

버튼은 사용자를 위해 텍스트를 출력하기에는 훌륭하지만 쌍방향 기능은 부족하다. 사용자에게 일정 정보를 얻으려면 텍스트 필드가 필요하다. 라벨을 추가했던 것과 같은 방법으로 추가해보자. 이를 통해 흑백 텍스트 필드를 기본 iOS 스타일로 만들 수 있다. 앱을 실행하고 텍스트 박스를 클릭하면 텍스트를 입력할 수 있어야 한다. 라벨에서처럼 텍스트 필드의 크기를 조절할 수 있고 오른쪽 구획을 사용할 수 있다.

8-2

?!

도전 과제1

앱의 배열을 아래와 같이 만들어보라.

Please sign in

Username

Password

8-3

해답 : 라벨은 기본 사이즈와 폰트로 되어 있다. 그 밑에 텍스트 박스 2개가 있다. 'Placeholder' 설정을 사용해서 사용자 이름과 패스워드 텍스트를 텍스트 필드에 입력할 수 있다.

버튼 추가하기

이제 마지막 사용자 인터페이스 요소로 버튼을 추가한다. 지금쯤이면 어떻게 해야 하는지 짐작할 수 있을 것이다!

?!

도전 과제2

버튼을 추가하고 텍스트를 'Sign In'으로 바꿔라. 그리고 패스워드 텍스트 필드 아래쪽에 위치시켜라.

코드 실행하기

여기까지가 사용자 인터페이스 요소에 대한 부분이다. 이제 앱이 실행될 때 함께 처리될 약간의 스위프트 코드를 작성해보자.

왼쪽 구획의 ViewController.swift 파일을 클릭한다. 해당 파일의 표준 코드를 포함한 페이지를 볼 수 있다.

시작부분에 //와 함께 볼 수 있는 내용은 주석이다. 앱 코드가 아니라 코더가 참고하기 위해 기재해 놓는 내용이다. 자신이 작성해 놓은 코드의 특정 부분이 무슨 역할을 하는지 알아보는 데 매우 유용하게 쓰인다(그리고 앱을 구축해가면서 자신을 위해서 기억해야 될 내용과 그 외의 메시지를 남겨놓기 위해).

'import UIKit' 명령어는 UIKit 모듈을 불러온다. 이를 통해서 사용자 인터페이스[UI]를 사용할 수 있다.

이어지는 내용은 ViewController 클래스를 규정한다. 이는 기본적으로 View를 제어하기 위해 사용하는 일련의 코드다. 달리 표현하면 앱 화면을 자신의 용도에 맞춰 조정하기 위해 사용한다.

'override fun viewDidLoad()'는 앱을 실행할 때 불러오는 함수(또는 메소드(method)라고 불리는)를 규정한다.

'super.viewDidLoad()'는 뷰를 설정하기 위한 기본 명령어를 실행한다. 그리고 'didReceiveMemoryWarning'는 메모리 관련 문제가 생길 때 사용하는 메소드다. 여기서는 비교적 간단한 앱을 만들기 때문에 이 메소드로 작업하지는 않는다.

첫 번째 스위프트 코드를 작성하기 위해 커서를 'super. viewDidLoad()' code 아래로 옮겨서 아래 내용을 작성한다.

```
print("Hello World")
```

앱을 실행하고 무슨 일이 발생하는지 살펴봐라. 앱 자체에는 아무 일도 발생하지 않지만 엑스코드 아래 구획에 'Hello World' 문구가 나타나는 것을 볼 수 있다.

8-4

print 명령어가 실행된 결과다. 콘솔에 결과를 출력해서 프로그램이 하는 일을 보여준다.

이는 분명히 유용한 기능이지만 우리는 앱으로 사용자에게 무언가를 보여주려 한다. 사용자 인터페이스를 사용하여 상호작용한다.

사용자 인터페이스 편집하기

이제 사용자 인터페이스[UI]를 편집하기 위해 코드를 사용할 것이다. 특히 중심 라벨을 'Hello World' 대신 'Hello Rob'으로 업데이트할 예정이다.

코드를 사용하여 사용자 인터페이스[UI]를 바꾸기 위해서는 아웃렛[Outlet]을 만들어야 한다. 이것은 라벨이나 버튼을 참조할 때 사용하는 변수다. 우선 화면 위의 오른쪽 겹친 원 버튼을 클릭해서 보조 편집기를 불러온다. 보조 편집기 창 안에서 서로 연결된 사각형 아이콘 4개

를 클릭하고 Recent Files → Main Storyboard 순으로 선택해서 스토
리보드 또는 화면 배열을 살펴보자.

마지막으로 View Controller Scene 목록을 감추기 위해 보조 편집
기 창 아래쪽의 오른손 라인 버튼이 있는 박스를 클릭할 수도 있다.
엑스코드 화면은 아래와 같아야 한다.

```swift
//
// ViewController.swift
// Demo App
//
// Created by Rob Percival on 29/08/2016.
// Copyright © 2016 Rob Percival. All rights
   reserved.
//

import UIKit

class ViewController: UIViewController {

    override func viewDidLoad() {
        super.viewDidLoad()
        // Do any additional setup after loading
           the view, typically from a nib.

        print("Hello World")

    }

    override func didReceiveMemoryWarning() {
        super.didReceiveMemoryWarning()
        // Dispose of any resources that can be
           recreated.
    }

}
```

8-5

이제 약간 복잡한 부분이 나온다. 마우스를 'Please sign in' 라벨로
옮겨라. 키보드에서 컨트롤 키를 누른 상태로 'class ViewController'
라는 문구 바로 밑의 ViewController.swift 파일로 끌어다 놓아라. 성
공하면 'connection' 그리고 'object', 'name', 'type', 'storage' 옵션 팝
업창이 떠야 한다.

이를 통해 라벨을 위한 아웃렛을 만들 수 있다. 'Name' 필드에

'label'을 타이핑해라(원한다면 다른 이름을 넣어도 된다). 그리고 'Connect'를 클릭해라. ViewController.swift 파일에 다음과 같은 내용이 추가된다.

```
@IBOutlet var label: UILabel!
```

이를 통해 라벨을 참조할 때 'label' 변수를 사용할 수 있게 해준다.

이제 라벨 텍스트를 업데이트하기 위해 코드를 추가한다. 'print' 내용 아래 스위프트 코드를 추가한다.

```
label.text = "Hello Rob"
```

짐작하듯이 이는 라벨 텍스트를 'Hello Rob'이라는 문자열로 업데이트한다. 앱을 실행하고 점검해보라. 아래와 같은 모습이 나와야 한다.

8-6

만세! 코드와 사용자 인터페이스 간의 상호작용을 해냈다. 다음 도전은 어떤 역할이 있는 버튼을 만드는 것이다. 사용자는 버튼을 이용해 앱으로 어떤 행위를 할 수 있다.

상호작용 버튼 만들기

이제 사용자가 'Sign in' 버튼을 눌렀을 때 'sign in' 문구가 콘솔에 출력될 수 있도록 앱을 바꿀 것이다.

이 절차는 라벨을 업데이트하는 것과 비슷하다. 하지만 이번에는 아웃렛보다는 액션^{Action}을 만든다. 앞에서와 마찬가지로 엑스코드에서 키보드의 컨트롤 키를 누른 상태에서 버튼을 끌어다가 'class ViewController' 코드 바로 밑에 놓아라. 다시 'connection'과 'object', 'name', 'type', 'storage' 등의 팝업창을 볼 수 있어야 한다.

이번에는 '아웃렛'을 클릭해서 옵션을 '액션'으로 바꿔라. 이후에 'Name' 박스에 buttonClicked를 타이핑해 넣는다. 'Connect'를 클릭하면 아래 코드가 생겨난다.

```
@IBAction func buttonClicked(_ sender: AnyObject) {
}
```

이는 버튼을 클릭했을 때 불러들이는 함수 또는 메소드이다.

⁉️

도전 과제 3

버튼을 눌렀을 때 콘솔에 'sign in'이라는 문구가 출력될 수 있도록 자신의 앱에 코드를 추가해라.

해답 : buttonClicked 메소드 내부에 아래 코드를 추가해라.

```
print("sign in")
```

전체 함수가 아래와 같은 모습이 된다.

```
@IBAction func buttonClicked(_ sender: AnyObject) {
    print("sign in")
}
```

이제 앱을 실행하고 버튼을 눌러보자. 예상한 결과가 나와야 한다.

도전 과제 4

처음에는 비어 있는 라벨과 'Click Me'라는 버튼 하나가 있는 새로운 앱을 만들어라. 그리고 버튼을 클릭했을 때 라벨의 텍스트를 'Hi there!'로 바꿔라.

해답 : 우선 File → New → Project 순서로 클릭해서 새 프로젝트를 만들고 이전과 똑같은 설정을 한다. 이후에 라벨을 추가한다. 이를 더블클릭 하고 백스페이스를 눌러서 텍스트를 지운다. 버튼을 추가한다. 앞에서처럼 끌어놓기를 이용해 라벨을 위한 아웃렛과 버튼을 위한 액션을 만든다. 마지막으로 buttonClicked() 메소드에 아래 코드를 추가한다.

```
label.text = "Hi there!"
```

다음과 같은 모습이어야 한다.

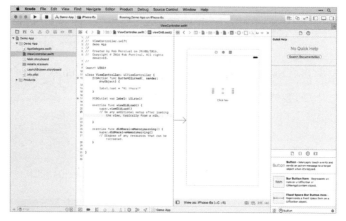

8-7

시뮬레이터에서 실행해보라. 버튼을 눌렀을 때 앱은 'Hi there!'을 출력해야 한다.

?!

도전 과제 5

자신의 앱에 플레이스홀더(placeholder, 텍스트 필드에 무엇을 입력해야 할지 알려주는 역할을 한다. 보통 짧은 구문 형식으로 제공되며 인풋 프롬프트Input Prompt라고도 불린다─옮긴이) 텍스트 'What is your name?'이 들어 있는 텍스트 필드를 추가해라. 그리고 코드를 바꿔서 사용자가 버튼을 눌렀을 때 라벨 텍스트가 'Hello [사용자 이름]'으로 출력되게 해라.

힌트 : 텍스트 필드를 위한 아웃렛을 만들 필요가 있다. 그리고 텍스트 필드의 값을 구해라. 또한 필요한 문자열을 만들기 위해 'Hello'를 붙여 넣어야 한다. 텍스트 필드의 값을 구하는 절차는 라벨의 경우와 같다. 그리고 문자열을 붙여 넣는 방법은 자바스크립트와 같다. 엑스코드는 어느 지점에서 오류 메시지를 보여줄 것이다. 오류를 잡기 위해 자동 'fix it' 명령어를 사용해라.

해답 : 텍스트 필드를 추가하고 이를 위한 아웃렛을 끌어놓기 해서 만들어라. 나는 이를 텍스트 필드라 부르지만 자유롭게 어느 변수 이름이든지 사용할 수 있다. 그리고

```
label.text = "Hi there!"
```

라는 내용을 아래와 같이 바꿔라.

```
label.text = "Hello" + textField.text! + "!"
```

이는 라벨 텍스트를 새로운 문자열 'Hello [사용자 이름]!'으로 설정한다. 전체 앱의 모습은 아래와 같다.

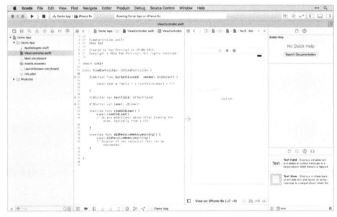

8-8

아마도 textField.text 뒤에 !가 필요한 이유를 궁금해할 수도 있다. 스위프트는 옵셔널^{optional}이라 불리는 변수 타입을 가지고 있다. 이는 널 값(null value. 항목의 값이 존재하는지의 여부를 알 수 없거나, 실제로 존재할 수 없거나, 존재할 수는 있으나 그 값을 알 수 없거나, 값이 존재하다가 안 하다가 하는 것과 같은 상태를 나타내기 위해 설정되는 값 — 옮긴이)을 포함할 수 있는 변수다. 예를 들어 다음과 같은 코드를 작성하면,

```
var number:Int
```

'number'라 불리는 정수형 변수를 만든다. 하지만 아직 값을 설정하지 않았기 때문에 이는 널 값을 가진 옵셔널이 된다. 변수가 널 값인 상태에서 이를 사용하면 앱은 작동을 멈추게 된다.

코드에 옵셔널을 사용하고 싶다면 뒤에 느낌표를 넣어야 한다. 이는 기기에게 이 변수가 값이 있으며 사용하는 데 문제가 없다는 것을 말해준다. 여기서 textField.text 뒤에 !를 넣은 이유다. 이것은 값(값이 빈 문자열이라고 하더라도)을 가지고 있고 앱이 충돌하지 않을 것이라고 말해준다.

옵셔널은 꽤 성가시다. 이 시점에서 이를 완전히 이해하지 못했다고 걱정할 필요는 없다. 하지만 이에 대해 좀 더 많은 정보를 원한다면 www.gyanaranjan.com/2015/10/what-areoptionals-in-swift.html라는 훌륭한 블로그 포스트가 있다.

스위프트의 변수 타입

이제 환율 계산기 앱을 만들 수 있는 단계에 거의 근접했다. 하지만 스위프트의 변수 타입에 대해 조금 더 배워보자. 자바스크립트와 파이썬 부분에서 몇 개의 변수 타입에 대해 배웠다. 문자열, 숫자, 불린(참 또는 거짓) 변수가 있었다. 스위프트는 강 타입 언어strongly typed language로 알려져 있다. 이는 함수에서 변수가 필요할 때 변수가 정확한 타입이 아니면 앱은 충돌을 일으킨다는 의미다.

예를 들어 다음 코드에서

```
var number = "2"
var newNumber = number * 5
```

오류가 발생한다. number가 문자열로 지정되어 있기 때문이다. 문자열은 정수로 곱하기를 할 수 없다. 이를 수정하기 위해 Int 명령어를 사용해서 number를 정수형으로 변환시킬 수 있다.

```
var number = "2"
var newNumber = Int(number)! * 5
```

이제 코드는 작동한다. Int^number 다음에 !를 넣어야 한다는 점에 주의해라. 전환이 효과가 없을 확률이 있기 때문이다. 예를 들어 아래 코드는

```
var number = "rob"
var newNumber = Int(number)! * 5
```

충돌을 일으킨다. 스위프트가 문자열 'rob'을 숫자로 변환하지 못하기 때문이다. 마지막으로 숫자를 소수로 곱셈하기를 원한다면 이를 '플로트^float'형으로 변환해야 한다. 아래 코드를 이용할 수 있다.

```
var number = "8.4"
var newNumber = Float(number)! * 5.3
```

자유롭게 명령어를 사용해보면 더 쉽게 이해할 수 있다. 실제 엑스코드는 코드를 작성하고 바로 결과를 볼 수 있는 '플레이그라운드

^{Playgrounds}'라고 불리는 모드가 있다. 이런 식의 실험을 위한 완벽한 연습 공간이다. 새로운 플라이그라운드를 생성하기 위해서는 엑스코드에서 File → New → Playground 순서로 클릭하고 코드를 작성하면 된다.

이런 내용의 코드를 엑스코드 플레이그라운에서 시험하면 'The variable was never mutated: consider changing var to let'과 같은 경고 문구가 뜨는 것을 볼 수 있다. 이는 스위프트에서 변수를 만들기 위해 var를 사용하는 것처럼 상수(즉, 변하지 않는 변수)를 만들기 위해 let을 사용할 수 있기 때문이다. 엑스코드는 이를 더 선호한다. 그래서 위의 예에서 number처럼 만약 값이 변하지 않는 변수가 있다면 var보다는 let를 이용해 정해야 한다.

앱 만들기 프로젝트: 환율 계산기 앱

엑스코드를 살펴보고 라벨, 버튼, 그리고 텍스트 필드를 앱에 추가하는 법을 배웠다. 또한 약간의 스위프트 코드를 작성했고 앱의 쌍방향 기능을 위해 아웃렛과 액션을 만들었다. 마지막으로 옵셔널과 강타입 언어의 특징 등 스위프트 언어의 복잡한 면을 살펴봤다.

이제 이런 기능들을 모두 모아서 환율 계산기 앱을 만들 예정이다. 물론 독자를 위한 도전 과제로 이 내용을 준비했다. 환율 계산기 앱은 사용자에게 한 통화의 양을 묻고 이후에 이를 다른 통화로 변환해서 결과를 화면에 출력한다. 간단하다. 나는 아래에서 영국 파운드화를 미국 달러로 바꾼다. 이 글을 쓰는 현재 환율은 1.31이다. 하지만 어느 통화를 사용하든지 상관없다. 행운을 빈다!

환율 계산기 앱: 해답

엑스코드에서 새로운 프로젝트를 만들면서 시작하자(File → New → Project). 그리고 기본 설정으로 들어가라.

그런 후 사용자 인터페이스를 만든다. 앱 제목, 텍스트 필드, 버튼을 위해 라벨을 끌어온다. 결과를 보여줄 두 번째 라벨을 만든다. 최종 모습은 아래와 같아야 한다.

8-9

현재는 결과 라벨이 비어 있다. 사용자가 버튼을 누르면 코드를 이용해 값을 추가할 것이다.

다음 단계는 라벨과 텍스트 필드를 위한 아웃렛과 버튼을 위한 액션을 만든다. 일반적인 방법을 사용한다. 코드가 아래 모습이 될 때까지 끌어놓기를 이용한다.

```
@IBAction func buttonClicked(_sender: AnyObject) {
}
@IBOutlet var textField: UITextField!
@IBOutlet var label: UILabel!
```

마지막으로 계산을 하고 결과를 사용자에게 보여주기 위해 buttonClicked() 메소드에 코드를 추가한다. 우선 텍스트 필드의 내용을 가져온다(이 값이 변하지 않기 때문에 var보다는 let을 사용하는 점에 주목해라).

```
let valueUserEntered = textField.text!
```

이후에 이를 플로트로 변환해서 곱셈이 가능하게 만든다(결과는 옵셔널이 되므로 !를 잊지 마라).

```
let amountInPounds = Float(valueUserEntered)!
```

다음에 곱하기를 한다.

```
let amountInDollars = amountInPounds * 1.31
```

이후에 이를 Float로 변환해서 곱셈이 가능하게 한다.

```
let amountInDollars = amountInPounds * 1.31
```

마지막으로 결과를 보여주기 위해 라벨을 업데이트한다(amountIn-Dollars를 다시 문자열로 변화해야 할 필요가 있다는 점에 주목해라).

```
label.text = "Result = $" + String(amountInDollars)
```

모든 것이 합쳐져서 앱은 아래와 같은 모습이 된다.

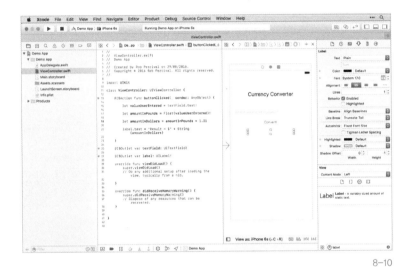

8-10

이제 앱을 실행하고 작동하는지 살펴보자. 모든 것을 정확하게 설정했다면 수량을 입력할 수 있고, 앱은 이를 새로운 통화로 변환한다.

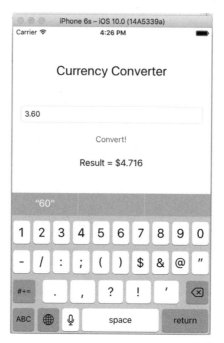

8-11

만세! 모든 것이 훌륭해 보이지만 한 가지 작은 문제가 있다. 사용자가 앱에 숫자를 입력하지 않으면 앱은 충돌한다. 'two' 또는 어떤 다른 문자열을 입력하면 오류가 발생하는 것을 볼 수 있다. 이는 스위프트가 'two'를 숫자로 변환하지 못해서 플로트 명령어가 실패하기 때문이다. 이를 해결하기 위해서 If 문을 사용할 수 있다.

```swift
if let amountInPounds = Float(valueUserEntered) {
    let amountInDollars = amountInPounds * 1.31
    label.text = "Result = $" + String(amountInDollars)
} else {
    label.text = "Please enter a number"
}
```

꽤 산뜻한 해결책이다. 첫 줄은 변환이 가능한지를 테스트하고 만약 가능하면 결과를 보여주기 위해 절차가 진행된다. 만약 가능하지 않다면 친숙한 오류 메시지를 보여준다.

Summary Note

우리는 이번 장에서 많은 부분을 다뤘다. 이제 엑스코드와 어느 정도 친숙해졌을 것이라 믿는다. 또 앱이 어떻게 만들어지는지에 대한 기본을 이해했기를 바란다. 사용자에게 일정 정보를 제공하는 앱을 만들기 위해 사용자 인터페이스와 앱의 코드를 어떻게 상호작용하게 하는지를 살펴봤다.

심화 학습

다음 장에서는 다른 주요 모바일 플랫폼인 안드로이드를 위한 앱을 만드는 법에 대해 살펴볼 예정이다. 하지만 iOS 앱 개발을 더 깊이 배우고 싶다면 아래 링크를 참고한다.

- www.udemy.com/complete-ios-10-developer-course/ - iOS 앱 개발을 위한 나의 온라인 강의.
- www.appcoda.com/ios-programming-course/ - 무료 iOS 앱 개발 튜토리얼.
- https://itunes.apple.com/us/course/developing-ios-8-apps-swift/id961180099 - 인기 있는 스탠포드 iOS 코딩 강의다. 약간 구식이지만 내용이 좋고 무료.

- www.coursera.org/specializations/app-development – 스위프트 기반 iOS 개발 코스.

- www.udacity.com/course/ios-developer-nanodegree-nd003?v=ios1 – AT&T, Lyft, 구글이 만든 iOS 개발자 코스.

09

안드로이드를 위한
앱 개발

2016년 기준 스마트폰 시장의 85%를 차지하는 안드로이드는 지금까지 가장 대중적인 모바일 플랫폼이다. 윈도우와 맥, 리눅스로 앱을 만들 수 있어 추가적으로 투자할 필요도 없다. 앞서 아이폰 앱과 마찬가지로 이번 챕터에서 간단한 안드로이드 앱을 만드는 절차를 살펴보겠다.

iOS 개발은 애플만의 언어인 스위프트를 사용하는 반면 안드로이드에서는 자바(웹 개발에 사용되는 자바스크립트와는 다른 언어다)를 사용한다. 자바는 사물인터넷 기기, 과학 관련 앱, 윈도우와 맥 프로그램, 웹 앱을 포함하여 광범위한 플랫폼에서 쓰인다. 반드시 배워야 할 언어다.

우선 안드로이드 스튜디오를 다운받는 것으로 시작하자. 이는 iOS 개발에서 엑스코드와 같은 역할을 한다. 구글이 개발했고, 무료다. 안드로이드 앱을 만들기 위해 필요한 유일한 소프트웨어다. 엑스코드만큼 사용자 친화적이지 못하고 조금 느리지만 더욱 유연하고 인스턴트 런(Instant Run)과 같은 기능이 있다. 인스턴트 런은 자신의 앱을 다시 컴파일할 필요 없이 시뮬레이터에서 테스트할 수 있게 해준다.

일단 안드로이드 스튜디오를 다운로드하고 인터페이스를 둘러본 후 'Hello World' 앱을 실행해보자. 그리고 라벨과 버튼을 추가하고 쌍방향 기능을 구축한 후 마지막으로 'Cat Years'라 불리는 앱을 만들어보자.

긴말하지 말고 이제 시작하자.

안드로이드 스튜디오 다운로드와 설정

안드로이드 개발자를 위한 주요 사이트는 developer.android.com이다. 사이트에 들어가서 안드로이드의 특징과 개발자를 위한 스타일 가이드를 읽어보는 것이 좋다. 사이트를 살펴봤다면 이제 developer.android.com/studio에서 안드로이드 스튜디오를 다운로드한다.

위 페이지에서 파란색의 큰 다운로드 버튼을 클릭하고 'Terms and Conditions'에 동의하면 다운로드가 시작된다. 다른 소프트웨어를 설치하는 것과 같다. 그리고 안드로이드 스튜디오 2.2 이후부터는 더 이상 자바를 별도로 다운로드해야 할 필요가 사라졌다(훨씬 편리하다).

안드로이드 스튜디오를 설치했다면 실행해본다. 아마도 여러 가지 업데이트 메시지가 뜰 확률이 높다. 모두 기본 설정을 유지한 상태로 계속 다음 버튼을 눌러 소프트웨어가 알아서 작업을 끝마치게 한다. 몇 분 후면 'welcome to Android Studio'라는 화면을 볼 수 있다.

'Start a new Android Studio project'를 클릭하고 'Configure Your

New Project' 화면을 살펴보자.

- 'Application name'에는 원하는 내용을 입력할 수 있다. 'My First App'과 비슷한 내용을 넣어라.
- 'Company Domain'은 google.com과 같은 일반적인 도메인 이름을 말한다. 하지만 굳이 실제 도메인 이름이 필요하지는 않다. 일단 rob. percival.com을 사용하든지 아니면 자신의 회사 이름.com을 사용해라. 지금 사용 중인 도메인일 필요는 없다. 만약 자신의 앱을 구글 플레이에 제출하면 Company Domain은 자기 앱의 고유 패키지 ID의 일부분이 된다. 그러니 자신이나 회사 이름을 나타내는 내용을 사용하면 된다.
- 원한다면 프로젝트 로케이션Project location(프로젝트 파일이 저장되는 곳—옮긴이)을 바꿀 수 있다. 아니면 기본 설정으로 남겨둔다.

Next를 클릭하면 'Form Factors' 화면이 나온다. 여기서 자신의 앱이 어떤 기기를 지원하는지를 선택한다. 여기에는 전화, 태블릿, 안드로이드 기기, TV, 그리고 그 외의 것들이 포함된다.

여기서는 스마트폰과 태블릿만을 다룰 것이다. 지금은 이 2가지가 선택되었는지 확인한다. 지원하고 싶은 가장 오래된 버전의 안드로이드를 선택할 수 있다는 것을 알 수 있다. 더 오래된 버전을 선택할수록 더 많은 기기를 지원할 수 있다. 하지만 최신 기능을 사용하지 못할 수 있다. 기본 버전을 선택하는 것을 추천한다(내 경우에는 Ice Cream Sandwich). 이렇게 하면 대체로 많은 기기에 대한 지원과 현대적인 기능의 균형점을 맞출 수 있다.

다음 화면에서 일련의 액티비티^{activity} 아이콘을 볼 수 있다. 여기서 'default activity'를 선택할 수 있다. 안드로이드 개발에서 액티비티는 앱 안의 단독 화면이다. 이는 웹사이트의 페이지와 같은 개념이다. 그래서 하나의 앱 안에 사용자 목록을 보여주는 로그인 액티비티와 아마도 설정 액티비티가 대개 들어 있다.

여기에는 선택할 수 있는 여러 가지 액티비티 템플릿이 있다. 많은 경우에 유용하게 쓰이는 템플릿들이지만 가장 간단한(그리고 기본 설정의) 것으로 시작하자(Empty Activity를 선택하고 Next를 클릭해라).

이제 마지막 설정 화면이 나온다. 여기서 최초 액티비티의 이름을 선택한다. 기본 설정은 Main Activity이다. 기본 설정으로 남겨둘 것을 추천한다. 그리고 Finish를 클릭해라.

이제 몇 분 뒤면 자신의 앱이 만들어진다. 주요 안드로이드 스튜디오 인터페이스를 살펴보자. 한눈에 들어오지는 않지만 주요 부분을 3가지로 나눌 수 있다.

- 제일 위의 메뉴 바는 일반적인 save, open, copy, paste 기능이 들어 있고 녹색의 'play' 삼각형으로 자신의 앱을 실행할 수 있다.
- 왼쪽 구획에서는 앱 내부의 파일 구조를 보여준다.
- 메인 창에서는 현재 편집 중인 파일의 내용, 즉 MainActivity 자바 파일을 보여준다.

지금 단계에서는 다른 버튼과 메뉴는 무시하면 된다. 그중 일부를 뒤에서 사용하겠지만 심화된 안드로이드 앱 개발을 한다면 대부분 필요한 기능들이다.

이제 설정을 마쳤다. 앱을 만들기 전에 안드로이드 버추얼 디바이스[AVD, Android Virtual Device]에서 앱을 실행하는 절차를 빠르게 훑어보자.

첫 번째 안드로이드 앱 실행하기

앱 실행하기는 간단하다. 위쪽 메뉴 바에서 녹색의 'play' 버튼을 누르면 된다. 버추얼 디바이스를 선택하기 위한 팝업창이 나타난다. 여기서 여러 스마트폰과 태블릿 중 원하는 것을 선택할 수 있다. 나는 기본 설정 Nexus 5를 선택한다.

그런 다음 자신의 버추얼 디바이스에 어떤 버전의 안드로이드든 선택해서 설치할 수 있다. 특정 버전을 원하지 않는다면 기본 설정을 그냥 사용한다. 내 경우 롤리팝[Lollipop]을 쓴다.

마지막으로 기기에 이름을 부여할 수 있고 기기가 수직이나 수평 화면으로 시작할지와 같은 몇 가지 세부 사항을 선택할 수 있다. 지금 은 모두 기본 설정으로 둔다.

축하한다. 해냈다! 기기를 선택하고 'Run'을 클릭해라. 그러면 기기가 시작되고 결과적으로(컴퓨터의 성능에 따라 2~5분 뒤에) 안드로이드 에뮬레이터에 앱이 나타난다.

첫 번째 안드로이드 앱을 실행했다. 하지만, 당연히, 별 기능이 아직 없다. 이제 어떻게 앱의 사용자 인터페이스[UI]를 목적에 맞추어 조정할 수 있는지 살펴보자.

텍스트와 버튼 추가하기

자바를 짧게 작성하겠지만 우선 앱에 텍스트와 버튼을 어떻게 추가하는지 살펴보자. 메인 편집창 바로 위에 2가지 탭을 볼 수 있다. activity_main.xml과 MainActivity.java이다.

activity_main.xml 탭을 클릭하면 앱의 레이아웃을 보여주는 화면이 나온다. 'Hello World' 텍스트를 클릭하면 아래와 같은 화면을 볼 수 있다.

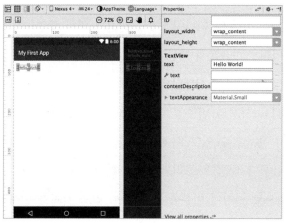

9-1

이 창은 4개의 주요 영역으로 나뉜다.

- 위 왼쪽의 팔레트Palette에는 버튼, 체크박스, 스위치와 같은 앱에 추가할 수 있는 요소들의 긴 목록이 나와 있다.
- 아래 왼쪽의 컴포넌트 트리Component Tree에는 앱에 이미 추가된 요소들을 보여준다. 그리고 서로 어떻게 연결되어 있는지를 보여준다(현재는 activity_main 안에 하나의 텍스트뷰TextView가 있다).

- 가운데 편집창은 자신의 앱 모습을 보여준다. 그리고 주변 요소를 끌어 놓기 할 수 있다.
- 속성창(또는 어트리뷰트)은 현재 선택된 요소들의 속성을 보여준다(현재는 Hello World 텍스트).

화면에 다른 위젯을 추가하고, 속성을 바꾸고 이동시키면서 이런저런 실험을 해본다.

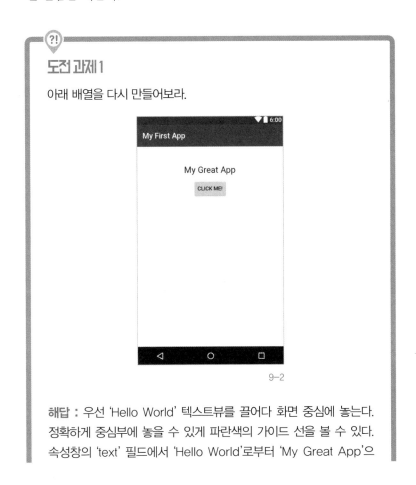

도전 과제 1

아래 배열을 다시 만들어보라.

9-2

해답 : 우선 'Hello World' 텍스트뷰를 끌어다 화면 중심에 놓는다. 정확하게 중심부에 놓을 수 있게 파란색의 가이드 선을 볼 수 있다. 속성창의 'text' 필드에서 'Hello World'로부터 'My Great App'으

로 텍스트를 바꾼다. 그리고 textAppearance 드롭다운 메뉴에서 AppCompat.Large를 선택한다. 텍스트 라벨이 위 그림과 같은 모습이 된다.

버튼을 추가하기 위해 팔레트에서 버튼을 찾아서 화면 중심의 텍스트 뷰 아래에 살짝 끌어다 놓는다. 속성창의 버튼 'text' 필드에서 'Click Me!'로 텍스트를 바꾼다.

컬러를 바꿔보고 다른 배열도 적용해보면서 마음껏 여러 시험을 해보라. 속성창에서 모든 선택 메뉴들이 보이지 않는 경우 'View all properties'를 클릭하면 사용 가능한 모든 옵션을 볼 수 있다. 여기서 자신의 목적에 맞게 많은 사항들을 바꿀 수 있다.

· 쌍방향 기능 만들기

앱을 다시 실행하면(이번에는 훨씬 빨라야 한다!) 버추얼 디바이스 화면에 나타나는 레이아웃을 볼 수 있다. 하지만 버튼을 클릭하면 아무 일도 일어나지 않는다. iOS 개발 때와 마찬가지로 버튼이 일정 작용을 할 수 있도록 약간의 코드를 작성해야 한다. 하지만 그 과정은 완전히 다르다.

코드를 작성하기 전에 버튼을 위한 'onClick' 속성을 설정해야 한다. 버튼이 클릭됐을 때 실행되기를 바라는 '메소드'의 이름을 앱에게 알려주기 위해서다. 메소드는 기본적으로 함수와 같다. 이름으로 실행할 수 있는 특정 기능을 하는 일련의 코드다.

이를 설정하기 위해서 버튼을 클릭하고 onClick 필드에 buttonClicked라고 타이핑해라. 이제 buttonClicked 메소드를 작성한다.

MainActivity.java 파일 안에서 작성한다. 편집창 위의 MainActivity.
java 탭을 클릭해라. 파일 속에서 아래 코드를 볼 수 있다.

```
package com.example.robpercival.myfirstapp;
import android.support.v7.app.AppCompatActivity;
import android.os.Bundle;
public class MainActivity extends AppCompatActivity {
    @Override
    protected void onCreate(Bundle savedInstanceState) {
        super.onCreate(savedInstanceState);
        setContentView(R.layout.activity_main);
    }
}
```

이것이 자바 언어다. 한 줄 한 줄 검토하겠지만 지금 당장은 코드의
모든 측면을 완벽히 이해할 필요는 없다(그럴 수 있는 날은 온다). 지금은
코드의 각 부분이 무슨 일을 하는지 전체적인 이해를 할 수 있도록
노력한다. 더 많은 정보가 필요하면 언제나 해당 키워드를 구글링할
수 있다.

첫 줄은 패키지 또는 앱의 이름을 규정한다.

```
com.example.robpercival.myfirstapp;
```

'import' 부분은 다양한 'libraries'를 불러온다. 이는 버튼, 로그파
일, 또는 GPS까지 특정 기능을 사용할 수 있게 해준다. 기본으로 설
정되는 두 부분은 안드로이드 OS^{operating system}를 기반으로 활동을 실행

하는 데 필요한 기본 코드를 제공한다.

다음에는 'MainActivity'라는 클래스class를 만든다. 클래스는 메소드(특정 기능을 하는 일련의 코드)와 변수의 집합이다. 이 특정 클래스는 Main Activity를 제어한다. 우리 앱에는 현재 하나의 액티비티가 있기 때문에 이 클래스가 기본적으로 전체 앱을 제어한다.

현재 클래스는 'public'이다. 이는 앱의 어느 곳에서든지 접근이 가능하다는 것을 의미한다(그리고 잠재적으로, 다른 앱에서도). 이는 'AppCompatActivity' 클래스로 확장('extends')된다. 이는 우리의 액티비티를 위해 사용할 수 있는 메소드의 집합을 포함하는 기본 클래스다.

그런 다음 'onCreate'라는 메소드를 구축한다. 이는 액티비티가 만들어질('created') 때, 즉 앱이 실행될 때, 실행되는 기본 메소드다. 이는 보호된('protected') 메소드다. 앱 내부 어디에서든 접근이 가능하지만 다른 앱에서는 가능하지 않다는 의미다.

이 줄의 'void'는 메소드가 아무런 값도 반환하지 않는다는 의미다. 이 말이 의미하는 바를 이해하기 위해 숫자를 2개를 더하는 'plus'라는 메소드를 상상해보자. 이 메소드를 작동시키기 위해서는 2개의 숫자를 메소드에게 넘겨줘야 할 필요가 있다. 그러면 메소드는 이 숫자들의 합을 반환할 것이다. onCreate 메소드는 약간의 코드를 실행하지만 아무것도 반환하지 않는다. 메소드의 정의 부분에 'void'라는 표현은 이를 확인한다.

'super.onCreate^savedInstanceState;'라는 부분은 앱이 실행될 때 필요한 모든 기본 코드를 실행한다. savedInstanceState는 앱의 이전 상태를 저

장한다. 그리고 특정 상황이 발생하면 앱을 저장한 상태로 되돌릴 때 사용된다(예를 들어 앱에서 작성하던 이전 이메일로 사용자를 되돌리기).

마지막으로 'setContentView$^{R.layout.activity\_main}$;'는 activity_main을 사용해 레이아웃 또는 'ContentView'를 규정할 수 있게 해준다. 이는 우리가 만든 사용자 인터페이스 레이아웃을 보여준다.

휴! 무언가 복잡한 이론이 많이 들어 있다. 하지만 이 시점에서 모든 것이 명확히 이해되지 않는다고 실망할 필요는 없다. 앱을 구축해 가다보면 점점 더 감을 잡을 수 있다. 지금은 개괄적으로 이해하면 된다.

버튼을 위한 코드 작성하기

'public class MainActivity…' 줄 바로 밑에 아래 코드를 써 넣어라.

```
public void buttonClicked(View view) {
}
```

이는 buttonClicked라는 아무런 결과도 반환하지 않는('void') 퍼블릭('public') 메소드를 만든다. 이 메소드는 버튼이 클릭될 때 실행된다. 중괄호({ 그리고 })는 메소드를 위한 코드를 담는다.

'View view' 부분은 약간 더 복잡하니 주의 깊게 읽는다. 우선 'view'는 화면에 나타나는 모든 것이다(그래서 버튼, 텍스트뷰 등 모두 '뷰'다). 다음 자바에서 변수를 만들기 위해서는 변수 타입으로 시작한다. 그리고 원하는 변수 이름을 사용한다. 그래서 'name'이라는 문자열 변수를 만들고 싶다면 다음과 같이 작성한다.

```
String name;
```

'number'라는 이름의 정수형 변수를 만들고 싶다면 다음과 같다.

```
int number;
```

여기서 'View' 타입의 'view'라는 이름의 변수를 만들었다. 버튼을 클릭하면 buttonClicked라는 메소드가 실행된다. 그리고 버튼에 관한 정보가 메소드로 전송된다. 이때 정보가 저장되는 곳이 'view'라는 변수다. 그리고 이 변수의 타입은 'View'다.

위의 마지막 문단을 반복해서 읽어야 할지도 모른다. 이해를 했다면 좋겠지만 그렇지 않더라도 걱정할 필요는 없다. 진도가 나가면서 저절로 명확해진다.

코드 작성이 끝난 후 View를 가리키면 파란색 말풍선을 볼 수 있다.

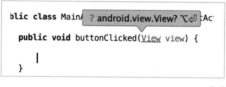

9-3

이는 'View'라는 타입의 변수를 사용하기 위해서 앱에 'View' 클래스를 추가해야 하기 때문이다. 이를 위해서는 해당 위치에서 알트 키와 엔터키를 동시에 누르면 된다. 말풍선은 사라지고 'View'는 검은색으로 변한다.

```
public void buttonClicked(View view) {
```

9-4 .

코드 창 위쪽의 'import…' 부분 앞에 있는 작은 '+'를 클릭하면 이
제 우리 프로젝트에 View 클래스가 추가된 것을 확인할 수 있다.

```
import android.support.v7.app.AppCompatActivity;
import android.os.Bundle;
import android.view.View;
```

토스트 만들기

이제 버튼을 클릭하면 실행되는 메소드를 만들었다. 걱정하지 마
라. 목표점이 다가온다. 이제 그 메소드 안에 약간의 코드를 작성한
다. 이제 토스트[toast]라고 알려진 것을 만들 필요가 있다. 이는 잠깐 동
안 스마트폰 화면 아랫부분에 나타나는 짧은 텍스트다(토스터기에서 토
스트가 튀어나오는 것과 같다고 해서 붙여진 이름이다).

이를 위해서는 buttonClicked 메소드에 아래 코드를 추가해야 한다.

```
Toast.makeText(this, "Hi there!", Toast.LENGTH_SHORT).show();
```

'Toast'를 타이핑하면 다음과 같은 드롭다운 메뉴를 볼 수 있다.

'Create a new Toast'를 선택하고 클릭하면 코드의 대부분이 자동 완성된다. 이 코드는 'Hi there!'라는 텍스트의 새로운 토스트를 만든다. LENGTH_SHORT 부분은 토스트가 화면에 나타나는 시간의 양을 정한다(더 오랫동안 텍스트가 나타나기를 원한다면 이 부분을 LENGTH_LONG으로 바꿀 수 있다).

(주의 : 'this'는 무엇인가? 토스트 명령어 안의 'this'는 우리가 현재 위치의 액티비티, 즉 MainActivity를 가리킨다. 토스트가 나타날 액티비티다.)

마침내 끝났다. 코드의 마지막 모습은 아래와 같다.

```java
package com.example.robpercival.myfirstapp;

import android.support.v7.app.AppCompatActivity;
import android.os.Bundle;
import android.view.View;
import android.widget.Toast;

public class MainActivity extends AppCompatActivity {

    public void buttonClicked(View view) {
        Toast.makeText(this, "Hi there!" Toast.LENGTH_
SHORT).show();
    }
```

```
@Override
protected void onCreate(Bundle savedInstanceState) {
    super.onCreate(savedInstanceState);
    setContentView(R.layout.activity_main);
    }
}
```

이제 앱을 실행하자. 그리고 버튼을 클릭한다. 모든 것을 정확하게 처리했다면 아래와 같이 화면 아래에 'Hi there!'라는 메시지가 나타난다.

9-6

축하한다. 쉽지 않았지만 꽤 어려운 과제를 해냈다. 우리는 'buttonClicked'라는 메소드를 만들었고, 이를 버튼에 연결시켰다. 또 버튼을 사용자 인터페이스에 추가했다. 그리고 메소드가 사용자의 화면에 토스트로서 'Hi there'라는 텍스트가 나오도록 코드를 추가했다. 훌륭하다!

앱에 쌍방향 기능 추가하기

지금까지는 앱에 쌍방향 기능이 없다. 사용자로부터 어떤 정보도 얻을 수 없다. 이제 쌍방향 기능을 앱에 추가하자.

안드로이드 스튜디오에서 activity_main.xml 탭으로 돌아가자. 그리고 팔레트에서 '텍스트 필드Text Fields'를 찾는다. 그곳에는 추가할 수 있는 수많은 종류의 텍스트 필드가 있다. 특정 데이터 타입에 쓰이는 것들이다. 예를 들어 만약 'Phone' 타입을 사용하면 사용자가 전화번호를 더 쉽게 입력할 수 있도록 특정 키보드가 나타난다. 지금은 '플레인 텍스트Plain Text'를 텍스트 필드로 사용한다.

(주의 : 안드로이드 개발에서 텍스트 필드는 '에디트 텍스트(Edit Text, 문자 수정-옮긴이)'라고 불린다. 자바에서도 이를 나중에 사용한다.)

버튼을 스마트폰 화면의 아래 방향으로 끌어서 텍스트 필드를 위한 공간을 만든다. 그리고 플레인 텍스트를 끌어다가 그 공간에 놓는다. 자, 다음과 같은 레이아웃이 된다.

9-7

텍스트 필드를 클릭한 후 속성과 드롭다운 메뉴를 살펴보자.

- ID
- Layout_width
- Layout_height
- inputType
- hint
- style
- singleline
- selectAllOnFocus
- text

- text

- contentDescription

- textAppearance

여기서 특별히 'hint'와 'text'가 유용한 텍스트 필드다. 'text'는 텍스트 필드에 보여줄 기본값을 위한 메뉴다. 그리고 'hint'는 사용자를 안내하는 역할을 한다. '이메일 주소를 입력하세요enter your email address' 같은 힌트를 주는 메뉴다.

우리는 텍스트 필드를 사용자 이름을 얻기 위해 사용할 것이다. 텍스트 필드에서 'Name'을 지우고 대신 'What is your name?'을 힌트 필드에 입력해보자.

앱을 실행하면 아래와 같은 레이아웃이 된다.

9-8

'What is your name?' 텍스트를 누르면 자기 이름을 입력할 수 있다(타이핑을 시작하면 힌트는 사라진다).

(주의 : 텍스트 뷰의 너비를 바꾸고 싶을 수 있다. 대체로 나는 대개 텍스트 뷰를 최대한 넓게 사용한다. 이는 'layout_width' 속성을 'match_parent'로 바꾸면 된다.)

이제 약간의 코드를 사용할 때가 왔다. 이 텍스트 뷰를 코드에서 불러와야 하므로 ID를 알아야 한다. 속성창에서 에디트 텍스트라는 기본 ID를 볼 수 있다. 이를 원하는 이름으로 바꿀 수 있다. 이 경우에 나는 'nameEditText'라는 이름을 사용한다.

입력된 텍스트에 접근하기

이제 코드에 사용자가 입력한 이름의 값을 가져오는 일만 남았다. 여기서 우리 목표는 토스트의 내용을 'Hi there!' 대신에 'Hi Rob'으로 바꾸는 것이다(물론 사용자가 Rob을 이름으로 입력했다면).

이제 MainActivity.java 탭을 클릭하고 토스트 명령어 바로 위에 아래 코드를 입력한다.

```
EditText nameEditText = (EditText) findViewById(R.
id.nameEditText);
```

설명해야 할 내용이 꽤 있다. 우선 nameEditText라는 이름의 EditText 타입 변수를 만들었다. 이는 텍스트 뷰를 불러올 때 사용한다.

잠시 (EditText)는 무시하라. findViewById 메소드는 ID로 뷰를 찾는다. 그리고 우리 텍스트 뷰 ID, 즉 nameEditText를 준다. 이는 'R'이라는 리소스에 저장되어 있다.

(EditText)는 무엇인가? 화면에 보이는 모든 것은 뷰^{view}라는 것을 기억해라. 이는 텍스트 뷰^{EditTexts}에도 마찬가지로 적용된다. findViewById 메소드는 제네릭 뷰를 반환한다. 하지만 우리는 실제로 이것이 에디트 텍스트라는 것을 안다. 그래서 뷰를 에디트 텍스트로 캐스트^{cast} 또는 변환하기 위해 (EditText)를 사용한다. 이해가 되는가?

이제 텍스트 뷰를 불러올 때 사용할 변수가 있다. 다음 단계는 텍스트 뷰의 값을 구하는 일이다. 이는 'name'이라는 문자열로 저장될 것이다.

```
String name = nameEditText.getText().toString();
```

'String name' 부분은 'name'이라는 문자열 변수를 만든다. 그리고 텍스트 필드에 사용자가 입력한 텍스트를 가져오기 위해 getText()를 사용한다. 그리고 마지막으로 이를 문자열로 변환하기 위해 toString()를 사용한다. 여기까지 잘 따라왔나?

마지막으로 사용자에게 인사하기 위해 토스트를 생성할 코드를 바꿔야 한다.

```
Toast.makeText(this, "Hi " + name, Toast.LENGTH_SHORT).show();
```

여기에서 우리는 "Hi there"를 "Hi" + name으로 바꿨다. '+'는 두 문자열을 합친다. 그래서 사용자가 자신의 이름으로 'Helen'이라고 입력했다면 "Hi" + name.은 'Hi Helen'이 될 것이다.

여기까지다. 코드는 다음과 같아야 한다.

```java
package com.example.robpercival.myfirstapp;

import android.support.v7.app.AppCompatActivity;
import android.os.Bundle;
import android.view.View;
import android.widget.EditText;
import android.widget.Toast;

public class MainActivity extends AppCompatActivity {

    public void buttonClicked(View view) {
        EditText nameEditText = (EditText) findViewById(R.
id.nameEditText);
        String name = nameEditText.getText().toString();
        Toast.makeText(this, "Hi " + name, Toast.LENGTH_
SHORT).show();
    }

    @Override
    protected void onCreate(Bundle savedInstanceState) {
        super.onCreate(savedInstanceState);
        setContentView(R.layout.activity_main);
    }
}
```

앱을 실행하고 이름을 입력한 후 버튼을 클릭해보자. 만약 모든 것이 순조롭다면 아래와 같은 화면이 나온다.

9-9

잘했다! 이제 사용자로부터 일정 데이터를 수집하고 이를 처리해서 다시 토스트로 사용자에게 보여줄 수 있는 앱을 완성했다. 이는 사용자와 상호작용할 수 있는 앱의 기본 기능이다. 자신에게 충분한 격려를 해줘라!

앱 만들기 프로젝트: 고양이 나이 계산 앱

지금까지 배운 모든 것을 활용할 순간이 왔다. 일반적으로 고양이의 1년은 사람의 7년과 맞먹는다고 한다. 그리고 우리는 이 사실을 이용해 사용자가 고양이의 나이를 입력하면 사람으로 환산할 때 몇 살인지를 토스트로 알려주는 앱을 만들 예정이다. 간단하지 않나?

iOS 부분의 환율 계산기 앱과 마찬가지로 사용자가 입력한 데이터를 문자열에서 정수로 변환해야 하고 여기에 7을 곱해야 한다. 이를 다시 문자열로 되돌려서 사용자에게 새로운 값을 보여준다. 나는 독자가 이 문제를 해결하도록 남겨둘 것이다(구글을 적극적으로 사용해도 좋다). 행운을 빈다!

해답

앱 설정 과정은 앞서 나온 앱과 매우 유사하다. 앱 타이틀을 제외하고 모든 옵션을 같은 것으로 선택한다. 자신이 원하는 대로 하면 된다. 나는 'Cat Years'로 정했다.

일단 앱이 준비되면 사용자 인터페이스를 만들면서 시작한다. 나는 이전 앱과 매우 유사한 레이아웃을 사용했다.

텍스트 뷰의 텍스트를 'Cat Years'로 바꾸고 에디트 텍스트의 'hint'를 'How old is your cat?'으로 바꿨다. 또한 에디트 텍스트의 타입을 'number'로 바꿨다. 만약 이를 스스로 했다면 보너스 점수를 받을 자격이 있다. 에디트 텍스트의 ID를 'catAgeEditText'로 바꿨다.

그런 다음 버튼의 텍스트를 'Show Age In Cat Years'로 바꿨다. 그리고 onClick 메소드의 이름을 'showCatAge'로 바꿨다. 이는 예전에 사용했던 'buttonClicked'보다는 좀 더 설명적이다.

이제 코드로 넘어가자. MainActivity.java에서 버튼이 클릭될 때 실행될 'showCatAge' 메소드를 만든다.

```
public void showCatAge(View view) {

}
```

그런 다음 텍스트 필드를 불러올 때 ageEditText라는 이름으로 변수를 생성하기 위한 코드를 추가한다.

```
EditText ageEditText = (EditText) findViewById
(R.id.ageEditText);
```

그 후 필드 값을 가져와서 이를 정수integer로 변환했다. 이를 7로 곱셈하고 다시 문자열로 변환했다. 이 부분을 어떻게 하는지 알아내기 위해 약간의 구글링이 필요할지도 모른다. 이를 해냈다면 축하한다!

```
String age = ageEditText.getText().toString();
int ageInt = Integer.parseInt(age);
int catAgeInt = ageInt * 7;
String catAgeString = Integer.toString(catAgeInt);
```

모든 과정을 확실히 이해했기를 바란다. 첫 줄은 ageEditText에 입력된 값을 가져오고 다음 줄은 이를 Integer.parseInt 메소드를 사용하여 정수로 변환한다. 그다음 줄은 새로운 정수, catAgeInt를 만들고 이는 7이 곱해진 이전 값과 같다. 마지막 줄은 Integer.toString를 사용하여 이를 문자열로 다시 되돌린다.

이제 토스트 명령어를 사용해서 사용자에게 나이를 보여준다.

```
Toast.makeText(this, "Your cat is " + catAgeString + " in cat
years", Toast.LENGTH_SHORT).show();
```

이번에는 두개의 '+'를 사용한다. catAgeString 앞뒤에 모두 텍스트가 있기 때문이다.

여기까지다. 완성된 최종 코드는 아래와 같다. 앱을 실행하고 나이를 입력하면 결과가 나타나는 것을 볼 수 있어야 한다.

```
package com.example.robpercival.catyears;

import android.support.v7.app.AppCompatActivity;
import android.os.Bundle;
import android.view.View;
import android.widget.EditText;
import android.widget.Toast;

public class MainActivity extends AppCompatActivity {
    public void showCatAge(View view) {

        EditText ageEditText = (EditText) findViewById(R.
id.ageEditText);
        String age = ageEditText.getText().toString();
        int ageInt = Integer.parseInt(age);
        int catAgeInt = ageInt * 7;
```

```
        String catAgeString = Integer.toString(catAgeInt);


        Toast.makeText(this, "Your cat is " + catAgeString + " in catyears"
        Toast.LENGTH_SHORT).show();
    }


    @Override
    protected void onCreate(Bundle savedInstanceState) {
        super.onCreate(savedInstanceState);
        setContentView(R.layout.activity_main);
    }
}
```

Summary note

축하한다! 첫 번째 안드로이드 앱을 완성했다. 그리고 이제 원하는 어떤 앱이든지 만들 수 있는 길로 잘 들어섰다. 대부분 앱 개발에서 가장 어려운 장애가 바로 시작에 있다. 훌륭하다!

앱 개발과 관련해서 더 깊이 나아가고 싶다면 가장 좋은 방법은 앱 아이디어를 구상하고 이를 직접 만들어보는 것이다. 세상을 깜짝 놀라게 할 아이디어일 필요는 없다. 할 일 목록 앱이나 달걀 삶는 타이머 같은 간단한 앱이면 다음 도전 과제로 충분하다. 아직 경험이 없는 무언가를 해야 될 필요가 있을 때는 웹을 검색한다. 그러면 이미 같은 문제로 고민했던 누군가가 웹에 올려놓은 질문을 찾을 수 있을 것이고 또 다른 누군가가 그에 대한 해답을 올려놓았을 것이다(stackoverflow.com을 우선 검색해라).

더욱 체계적인 코스를 밟아 안드로이드 개발을 마스터하고 싶다면 'Rob Percival Android'를 검색해서 내 안드로이드 개발자 코스를 한번 점검해보는 것도 도움이 된다.

웹의 기본과 iOS 그리고 안드로이드 개발에 관해 배웠다. 이제는 모든 분야에 걸쳐 중요한 주제인 디버깅으로 뛰어든다. 버그는 웹사이트나 앱을 개발할 때(대개는 '끝낸 후'에도) 상시적으로 부딪히는 문제다. 버그를 박멸하는 몇 가지 방법을 살펴본다. 문제를 발생시키는 원인을 살펴보고 해답을 위해 앱을 검색하거나 해답을 찾지 못할 때는 온라인에 질문을 올리기도 한다.

하지만 지금 당장은 스스로를 칭찬하고 차 한 잔을 마시면서 휴식을 취해라. 그리고 잠시 앞으로 만들어볼 위대한 앱에 대해 상상의 나래를 펼쳐보자.

심화 학습

안드로이드 앱 개발에 대해 더 배우고 싶다면 아래 정규 강좌를 들어보자.

- www.udemy.com/complete-android-n-developer-course/
  - 나의 온라인 안드로이드 강의. 안드로이드 개발에 관한 모든 측면을

다룬다.

- https://developer.android.com/training/basics/firstapp/index.html – 안드로이드 개발을 위한 공식 구글 교육 자료.

- www.coursera.org/specializations/android-app-development – 초보자와 심화 학습을 위한 다양한 범위의 안드로이드 강의.

10

디버깅

웹 개발에서 HTML과 CSS, 자바스크립트로 코딩을 했고 텍스트 편집기를 사용했으며 브라우저를 이용해 코드를 실행했다. https:// repl.it/languages/python에서 온라인 컴파일러를 이용해 파이썬을 코딩했다. 또한 스위프트와 엑스코드를 이용하여 아이폰 앱을 만들었다(맥을 사용할 수 있었다면) 그리고 자바와 안드로이드 스튜디오를 이용해 안드로이드 앱을 만들었다.

이런 모든 플랫폼과 또 언어들에서 부닥칠 확률이 높은 한 가지 문제가 바로 버그다. 버그는 어떤 코드가 의도한 대로 실행되지 않을 때 발생한다. 버그는 다양한 형태로 나타난다. 코드가 전혀 실행되지 않거나(자바에서 코드 줄의 끝부분에 세미콜론을 까먹는 경우 같은) CSS 문제로 웹사이트의 로고가 의도한 부분보다 더 밑에 나타나기도 한다.

이번 챕터에서는 코딩에 대해 더 깊이 공부하지 않는데도 왜 디버깅을 알아야 하는지에 대해 살펴보는 것으로 시작해 표준적인 디버깅 절차를 알아본다(그리고 코딩과 관계없는 일반적인 삶이나 업무 문제에도 이를 적용할 수 있는 방법에 대해서도). 마지막으로 지금까지 다뤘던 플랫폼

〔웹(HTML, CSS, 자바스크립트), iOS(스위프트, 엑스코드), 안드로이드(자바, 안드로이드 스튜디오)〕를 위한 특정 디버깅 툴과 기법도 살펴볼 예정이다.

왜 디버깅을 배우는가

디버깅은 오류를 고치는 데 그치지 않고 더 나은 코딩을 하는 것까지를 포함하는 개념이다. 또한 이는 모든 삶의 국면에서 역할을 한다. 자신의 업무가 가르치는 일과 관련이 있다면 학생들이 자신의 교수법에 대해 어떻게 반응하는지를 알아내는 것은 발전을 위해 매우 중요하다. 계산을 많이 해야 하는 업무를 한다면 엑셀 공식을 약간만 바꿔도 전체 과정의 속도가 급격하게 빨라진다(실수 또한 줄어든다).

디버깅에서 특히 유용한 점은 정확히 똑같은 기법이 삶의 모든 일에도 적용될 수 있다는 것이다. 더 효과적이고 효율적이게 한다. 일단 코드를 살펴보면서 어디가 잘못됐는지 찾아내고 이를 고치기 시작하면 삶 전체에서 같은 기법을 사용하지 않을 수 없다. 이는 마치 코딩 기반 자기계발 프로그램과 같다!

디버깅에 많은 시간을 들여야 하는 이유

초보 코더를 괴롭히는 문제 중 하나는 왜 자신이 작성한 코드의 문제를 고치는 데 그렇게 많은 시간을 쏟아야 하는가이다. 대부분 사람들은 자신의 코드가 어떻게 작동할지에 대해 명확한 아이디어가 있기 때문에 이것이 자동적으로 컴퓨터 화면으로 옮겨지고 모든 것이 의도한 대로 실행되기를 바란다.

하지만 현실은 좀 다르다. 코드를 작성하면 할수록 디버깅은 앱이나 웹사이트 제작 과정의 주요 부분이라는 사실을 깨닫는다. 컴퓨터는 변덕스런 짐승이다. 우리는 단지 인간일 뿐 완벽한 정밀도가 요구되는 기계와 상호작용하는 데 익숙하지 않다. 컴퓨터는 *정확히 자신이 작성한 코드*로 가차 없이 벌을 내린다.

그래서 디버깅은 과정의 한 (중요) 부분이다. 이것이 이를 피하려고 노력하지 말라거나 또는 좌절하고만 있으라는 의미는 아니다. 이제 최소한의 디버깅이 요구되는 코드 작성법에 대해 알아보자.

디버깅을 최소화하는 코드 작성법

1단계 : 올바른 코드를 써라

올바른, 깔끔한 코드를 사용하면 결국 엄청난 시간이 절약된다. 앱을 만들거나 웹사이트에 새로운 기능을 추가하기를 원할 때 가능한 빨리 코드를 쓰고 싶은 유혹에 빠진다. 그런 자세는 코드가 작동하는 한 괜찮다. 이런 접근은 공부나 개인적인 작은 프로젝트가 목적일 때는 충분히 설득력이 있다. 하지만 내 경험상 이런 방법은 거의 항상 시간을 절약하기보다는 결국 많은 시간을 소비하게 만든다. 처음에 코드를 보다 더 적절하게 작성하는 데 시간을 5분 더 들이면 나중에 디버깅하는 데 들어가는 몇 시간을 절약한다.

다음의 2가지 자바스크립트 함수를 비교해보자. 이는 숫자가 소수 prime number 인지를 결정하는 기능을 한다(소수는 1과 자신의 수 외에는 나눌 수 없는 숫자를 말한다. 예를 들어 2, 3, 5, 7, 11 등이 있다).

```
function isPrime(x) {
    for ( var i = 2; i < num; i++ ) { if ( x % i == 0 ) {
return false; }
    } return true;
}


function isPrime(numberToCheck) {

    // Loop through all numbers less than numberToCheck
    for ( var divisor = 2; divisor < numberToCheck;
divisor++ ) {
        if ( numberToCheck % divisor == 0 ) {
            // If divisor divides numberToCheck exactly,
            numberToCheck is not prime, so return false

            return false;
        }
    }

    // If we get here, we have checked all numbers from 2
up to numberToCheck, and none of them divide into it, so
numberToCheck must be prime
    return true;
}
```

두 함수는 모두 완벽한 코드다(로직은 동일하다). 하지만 두 번째 함수
는 첫 번째 코드에 비해 장점이 많다.

- 줄 구분이 잘 되어 있다. 대부분의 프로그래밍 언어는 줄 구분을 요구하지 않는다. 하지만 이를 잘하면 코드가 훨씬 읽기 쉬워진다.
- 의미 있는 변수 이름을 가지고 있다. 'x' 혹은 'number'와 같은 이름을 피해라. 대신 쉽게 인식할 수 있는 변수 이름을 사용해라.
- 주석이 달려 있다. 모든 프로그래밍 언어는 인간이 읽을 수 있는 형태로 주석을 달 수 있다. 각 코드가 무슨 역할을 하는지 가능하다면 주석을 다는 것이 좋다.

아마 줄 간격과 의미 있는 변수 이름, 주석 등이 큰 차이를 만들지 못한다고 느낄지도 모르지만 코드가 수백 줄로 확장되면(멋진 앱을 만든다면 그렇게 된다) 이런 습관을 들인 것에 대해 감사한 마음이 들 것이다.

이런 식의 코딩이 주는 또 다른 장점은 속도를 늦춰준다는 것이다. 그래서 중요한 세미콜론이나 함수 이름을 잘못 쓰는 실수를 막아준다.

코드를 쓰면서 가능한 한 정기적으로 오류가 없는지 체크하는 것도 또 하나의 요령이다. 이는 그때까지 작성한 코드가 의도한 대로 작동하는지 앱을 실행하고, 웹사이트를 띄워보는 것을 의미한다. 일반적인 기준으로 코드를 작성한 지 10분이 넘어가면 나는 어디선가 멈춰서 모든 것이 문제가 없는지 체크하고 싶어져서 신경이 곤두선다.

정확한 타이밍은 프로젝트와 개인 성격에 달려 있다. 하지만 내 충고는, 특히 초보자일 경우에는, 최대한 자주 코드를 실행해보라는 것이다. 실행했을 때 오류를 만나면 앞서 체크한 이후 작은 변화만 있었기 때문에 디버깅 절차가 훨씬 간단해진다. 만약 오류가 나오지 않는다면 모든 것이 잘 진행되고 있다는 자신감을 얻을 수 있다.

좋다! 이제부터 올바른 코드를 쓰자. 이제 디버깅할 때 필요한 표준적인 질문을 스스로에게 던져보자. 이번 장 전체에서 그리고 아마도 코딩 전체에서도 가장 중요한 질문일 것이다. 만약 답변할 수 있다면 어떤 문제든 해결할 수 있다.

2단계 : 3가지 질문

자신이 작성한 코드가 작동하지 않을 때 초보 코더는 종종 좌절감을 느낀다. 문제를 어디서 찾아야 할지 모르고 그 결과 스스로를 탓한다('내가 이 코드를 마칠 수 있을까'). 또는 기계를 탓한다(바보 같은 컴퓨터). 이는 자연스런 감정이다. 모든 코더들이 이런 감정을 수없이 겪는다.

숙련된 코더와 초보자의 차이점은 이런 일이 자주 발생한다는 것을 숙련자는 안다는 점이다. 그리고 이것이 자신이 바보라는 의미도 아니고, 매번 사용하는 똑같은 절차를 통해 해결할 수 있다는 것을 안다.

그렇다면 절차란 무엇일까? 첫 번째 질문은 고통스러울 만큼 분명한 것이다. *코드가 작동하지 않는다고 말하는 이유가 무엇인가?*

이 질문의 답은 명백하다. '코드가 컴파일이 안 돼!', '웹사이트 모습이 엉망이야', '버튼을 눌러도 아무 효과가 없어!'

하지만 이 질문에 대답하는 것은 생각보다 쉽지 않다. 오류 메시지를 만난다면 이에 주의를 기울여라. 오류 메시지의 의미가 불분명할 때가 많기 때문이다. 오류 메시지에서 필요한 정보를 뽑아낼 줄 알아야 한다. 또한 종종 오류가 어디서 일어났는지 정확한 위치를 알려줄 때도 있다. 이는 정말 도움이 많이 된다. 오류 메시지 자체를 구글링해보는 것은 코더로서 당연히 해야 할(많이들 하고 있는) 행위다.

오류 메시지가 뜨지 않는다면 이는 상황이 더 복잡하다. 적어도 문제가 무엇인지는 명확히 해야 한다. '웹사이트 화면이 엉망이야'에서 '로고가 화면 아래쪽에 나타나고 있어. 나는 위쪽에 나타나게 코딩했는데'라는 식으로 생각을 구체화하라. 여기서 '나는 위쪽에 나타나게 코딩했는데'는 커다란 진전이다. 특히 레이아웃 문제와 관련해서는 한 번에 한 가지씩 해결하는 것이 중요하다. 의욕이 꺾여 질리기 쉽지만 문제를 개별적인 사항으로 나누어 하나씩 해결해 나가면 일이 훨씬 쉬워진다.

이제 예상대로 움직이지 않는 것이 정확하게 무엇인지 파악했다면 두 번째 질문으로 옮길 차례다. *코드는 원래 어떻게 작동해야 했는가?*

이 질문에 대답하는 것도 좌절감을 안겨줄 수 있다. 겨우 5분 전에 코드를 작성했다. 어떻게 작동해야 되는지 잘 알겠지만 코드를 반복해서 실행해보는 것이 문제를 찾아내는 데 중요하다.

예를 들어 로고와 관련된 오류에서 로고의 위치를 제어하는 CSS 부분을 살펴보자. 자신이 작성한 CSS 명령어에 따르면 로고는 어떻게 배열되어야 하는가? 예상 밖의 위치에 로고가 배열되는 코드가 CSS에 포함되어 있는가?

버튼이 응답하지 않는다면 버튼이 클릭되었을 때 일어나야 될 과정을 머릿속에 떠올려본다. 버튼이 작성한 함수와 올바르게 연결되어 있는가? 함수 속에 오류가 있을 여지가 있는가? 함수는 실제로 결과를 출력하는가? 아니면 무언가 계산하기는 하지만 UI에 아무런 변화를 일으키지 않는가?

만약 위 2가지 질문을 사려 깊게 살펴본다면 90%의 코드 오류는 해결할 수 있다. 하지만 이를 통해서도 해결되지 않는다면 세 번째 질문을 할 차례다. *각 부분의 코드가 하는 일을 분명하게 알아보기 위해 어떤 변화를 줄 수 있는가?*

명확하게 주석을 달고 논리적으로 잘 쓰인 코드라면 어느 부분이 어떤 역할을 하는지 명확하게 알 수 있다. 하지만 올바른 코드에도 실수가 발생한다. 우리의 마지막 요령은 변수를 이용하는 방법이다. 또는 약간의 코드를 추가해보는 것이다. 웹사이트 화면이 어떻게 바뀌는지 또는 앱이 어떻게 실행되는지 그 영향을 살펴본다.

로고의 예로 돌아가서 여러 가지 값으로 실험해볼 수 있다. 위쪽의 여백값margin-top value을 변화시켜 예상대로 로고를 아래쪽으로 움직일 수 있는가? 만약 그렇지 않다면 이유는 무엇인가? 오류를 찾아낼 수 없다면 언제든지 로고의 위치를 제어하는 부분만 남겨두고 모든 CSS 코드를 삭제해볼 수 있다. 그리고 위치가 정확해지면 단계적으로 문제가 발생할 때까지 코드를 다시 추가해본다. 빙고! 문제가 튀어나온다.

버튼의 오류와 관련해서는 'print' 명령어를 사용해서 변수의 값을 출력해본다. 이를 통해 예상한 결과값이 나오는지 확인한다. 심지어 아래와 같은 코드를 사용해볼 수도 있다.

```
print("hello");
```

이를 통해 일련의 특정 코드가 실행되는지 여부를 확인할 수 있다. 코드를 제거해보는 것은 여기서도 유용하다. 버튼과 관련된 모든 실행 코드를 출력 부분만 제외하고 제거해본다. 출력이 되지 않는다면 버튼과 코드의 연결 부분에 문제가 있는 것이다. 만약 출력이 이루어진다면 오류가 발생할 때까지 단계적으로 코드를 원상회복 시킨다. 그러면 어느 부분이 문제인지 찾을 수 있다.

이제 95%의 오류를 해결할 수 있다. 문제를 규정하고, 코드가 어떻게 작동해야 하는지 자신에게 설명하고, 변숫값과 프린트 명령어를 조작하는 과정은 오류를 만날 때마다 매번 거쳐야 할 표준 절차다.

실생활에서 부딪히는 어려움을 해결하는 과정도 이와 비슷하다. 특정 업무의 효율화를 꾀할 때 또는 하다못해 왜 연애를 못 하는지 원인을 파악할 때도 가장 어려운 부분은 문제를 규정하는 것이다. 이후에 어디서 문제가 발생하는지 찾기 위해 현재 자신이 하고 있는 행위와 왜 그 정도로 충분하다고 생각하는지를 자신에게 설명해보라. 만약 찾을 수 없다면 작은 부분을 바꿔보고 상황이 개선되는지 살펴본다.

만약 이런 절차를 거치고도 버그가 남아 있다면 어떻게 할 것인가? 때때로 우리는 타인의 도움 없이 문제를 해결하지 못할 때가 있다. 그런 상황을 인정하고 도움을 구해라. 다행히 우리는 문제를 정확하게 규정했기 때문에 원래 코드가 어떤 역할을 수행해야 되는지에 대해 명확하게 이해한다. 그래서 효과적으로 검색할 수 있고, 도움을 요청할 수 있다.

3단계 : 도움 찾기

여기까지 왔다면 분명히 약간의 디버깅을 해봤을 것이다. 이미 답을 찾기 위해 구글링을 해봤을 것이고, stackoverflow.com이라는 사이트를 만났을 확률이 높다. 이 사이트는 간단한 아이디어에서 출발했지만 많은 인기를 끌었다. 사람들이 질문을 올리고 다른 사람들은 이에 답해준다. 강력한 검색엔진과 결합하여 흔히 발생하는 프로그래밍 관련 질문에 대한 광범위한 해답을 손쉽게 얻을 수 있게 되었다.

하지만 무엇을 검색할 것인가? 앞에서 언급했듯이 특정 오류 메시지가 뜬다면 이를 구글링하는 것이 첫 번째 단계다. 만약 오류 메시지가 없다면 어떤 검색어를 사용할지 주의 깊게 생각해야 한다.

나는 항상 검색어에 프로그래밍 언어와 플랫폼을 포함시킨다. '텍스트의 컬러를 바꾸는 법'을 검색하면 정말 많은 종류의 소프트웨어에 따른 결과가 출력된다. 그래서 'HTML', 'CSS', '스위프트Swift' 같은 검색어를 추가하면 해답을 찾는 시간이 훨씬 빨라진다.

안드로이드 개발에서는 검색어에 '자바'와 '안드로이드' 둘 다를 덧붙이는 것이 대개는 도움이 된다. 자바는 안드로이드 기기뿐 아니라 여러 기기에 사용되기 때문이다.

만약 엑스코드나 안드로이드 스튜디오와 같은 특정 개발 환경을 사용한다면 이 또한 검색어에 포함시킨다. '스위프트'에 '엑스코드'를 덧붙여서 검색하면 엄청난 양의 필요 없는 테일러 스위프트Taylor Swift(미국의 인기 여가수-옮긴이) 같은 검색 결과를 배제시킬 수 있다.

그 외에도 다른 웹 검색을 할 때처럼 간결하고 모호하지 않은 표현을 사용해라(이는 자연스럽게 3가지 질문으로 이어진다).

아래는 좋지 않은 검색어의 예다. 더 나은 질문을 생각해보자.

- 텍스트를 키우는 방법

- 앱 실행 시 스위프트 빈 화면
- 안드로이드 앱에서 소리가 나지 않는 문제
- 웹사이트에서 이미지가 보이지 않는 문제

더 나은 검색어는 다음과 같다.

- CSS 텍스트 크기 바꾸는 법
- 엑스코드 스위프트 [여기에 오류 메시지]
- 자바 안드로이드 소리 재생하는 법
- HTML 이미지 출력하는 법

마지막 두 항목을 자세히 보자. 오류에 대한 검색이 아니라 원하는 기능의 코드와 가이드를 찾고 있다. 아마 찾은 코드를 앱이나 웹사이트 코드의 해당 부분에 복사와 붙이기를 해서 실행되는지 살펴볼 수 있을 것이다. 실행되면 무엇이 잘못되었는지 자신의 코드와 비교해 볼 수 있다. 실행되지 않는다면 분명 해당 코드는 문제가 없다. 아마 문제는 다른 곳에 있을 것이다.

인터넷에서 찾은 코드를 복사 붙이기 할 때 주의할 점은 위험이 따른다는 것이다. 최소한 코드가 어떤 역할을 하는지에 대한 이해가 필요하다. 그리고 프로그래밍 환경보다 예전 버전에 맞춰 쓰인 것인지도 확인한다(특히 스위프트는 업데이트가 잦다). 또 기본 설정과 다를 수도 있다. 간단히 말해서 자신이 이해하는 코드만 복사 붙이기를 한다.

이제 스스로에게 질문했고 온라인 검색도 했음에도 문제가 해결되지 않는 상황을 살펴보자. 마침내 프로그래머가 할 수 있는 마지막 수단이다. 도움을 요청해라.

4단계 : 도움 요청하기

프로그래머들은 다른 어떤 분야의 전문가들보다 도움을 주는 데 적극적이다. 약간의 인터넷 포인트나 그저 감사하다는 표현만으로도 기꺼이 도움을 준다. 하지만 다른 곳에 이미 답이 많이 올라와 있는 질문이나 애매한 표현의 질문은 좋아하지 않는다.

어떤 종류의 프로그래밍 강의를 듣고 있다면 확실한 도움을 받을 수 있다. 질문을 할 때는 문제를 해결하기 위해 필요한 모든 정보를 자세히 전달한다. 하지만 *자신의 모든 코드*를 전달하는 것은 피한다. 오류 메시지를 전달하고 무엇이 잘못되었는지를 묻는다. 디버깅은 무척 시간 소모적인 작업이다.

대신 위에 소개한 3가지 질문 과정을 거친 후에 *문제를 일으키는 부분을 선별*하여 도움을 청한다. 자신이 무엇을 하려 하고, 어떤 결과를 얻고자 하는지, 그리고 어떤 디버깅 과정을 거쳤는지를 설명한다.

개인적으로 도움을 청할 곳이 없다면 stackoverflow.com이 질문할 수 있는 최적의 공간이다. http://stackoverflow.com/help/how-to-ask 에 최적의 질문을 하기 위한 가이드가 설명되어 있다. 질문이 적절하다면 대개 한 시간 안에 도움 되는 내용이 올라온다. 멋진 곳이다!

질문에 대한 해답을 얻었다면 신속히 '감사'의 말을 전하는 것도 잊지 마라(아니면 사이트에서 올바른 해답을 'accept'해라). 그리고 자신도 다른 초보자들에게 도움을 줄 수 있는지 내용을 살펴보는 성의를 보인다.

디버깅을 위한 전체 과정을 살펴봤다. 이제 우리가 다뤘던 여러 언어를 위한 특정 디버깅 툴을 알아본다. 이를 통해 시간을 많이 절약할 수 있고 전체 과정을 부드럽게 이어갈 수 있다.

HTML과 CSS 디버깅

대부분 웹 개발자에게 가장 유용한 툴을 하나 꼽자면 '개발자 도구Developer Tools'다. 이는 대부분의 브라우저에 포함된 기능이다. 여기서는 크롬의 개발자 도구를 살펴본다. 개인적으로 가장 이해하기 쉽게 만들어진 툴이라 생각한다. 크롬에서 View → Developer → Developer Tools 순으로 클릭한다.

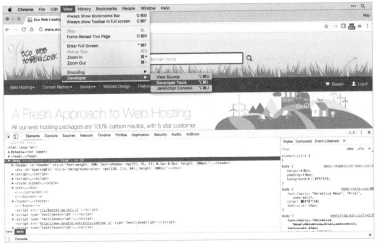

10-1

화면 아래쪽에 창이 나타난다. 요소Elements 탭을 클릭하면 현재 위치하는 페이지의 HTML과 오른쪽에 CSS 스타일의 요약 내용을 볼 수 있다.

HTML의 다른 부분은 대개 '…' 뒤쪽에 숨겨져 있다. 이를 클릭하면 내용을 볼 수 있다. 또한 창의 윗부분 왼쪽에 있는 버튼을 클릭해서 페이지의 어떤 요소든지 선택해서 관련된 HTML과 CSS를 볼 수 있다. 매우 편하게 만들어져 있다.

더블클릭을 통해서 페이지의 HTML을 편집하는 것도 가능하다. 개별 요소를 디버깅하는 데 매우 유용하게 사용할 수 있다(혹은 cnn.com의 헤드라인을 바꿔서 친구들을 놀라게 할 수도 있다!). 이는 자기 컴퓨터에 저장된 내용을 편집할 뿐 CNN 서버에 저장된 내용을 변경시키는 것은 아니다.

특별히 유용한 CSS 트릭은 개별 스타일 기능을 살릴 수도, 정지시킬 수도 있다는 것이다.

```
@media screen and (min-width: 600px)
.js {                                    main.css:1
☑ padding: ▶0;
}                                              ⋮
```

10-2

마우스를 스타일 부분에 올려 파란색 체크무늬를 클릭해 기능을 정지시킬 수 있다. 스타일의 값을 변경할 수도 있는데 이는 HTML에서도 가능하다.

요소 탭에서의 실험이 끝났다면 이제 콘솔을 클릭해라. 이는 자바 스크립트 디버깅을 해야 할 때 유용하게 사용할 수 있지만 페이지의 다른 오류를 살펴보는 데도 쓸모 있다.

다른 주요 HTML 오류를 여기서 살펴볼 수도 있지만 자신의 HTML을 더 자세히 점검하고 싶다면 https://validator.w3.org/와 같은 HTML 검사기^{Validator}를 사용할 수 있다. 이를 통해 마감되지 않은 HTML 태그나 더 이상 사용되지 않는 요소가 있는지를 알아볼 수 있다.

자신의 코드에 반드시 오류가 하나도 없어야 한다는 생각은 하지 마라. 이 글을 쓰는 현재 www.bbc.co.uk/에는 100개가 넘는 오류가 있다!

CSS와 관련해서는 http://csslint.net/가 매우 강력한 툴이다. CSS 오류를 보여줄 뿐만 아니라 2가지 다른 스타일이 서로 충돌하는지 여부와 자신의 CSS를 더 낫게 바꾸는 조언까지 얻을 수 있다.

자바스크립트 디버깅

HTML과 CSS와 마찬가지로 브라우저의 개발자 도구가 자바스크립트 디버깅의 주요한 툴이다. 특별히 콘솔이 유용하다. 자바스크립트의 모든 오류를 보여줄 뿐 아니라 변숫값을 찾거나 특정 코드가 실행 중인지 여부를 알아볼 때 사용할 수 있다.

웹페이지에서 다음의 자바스크립트를 실행해보고 콘솔에서 결과를 살펴본다.

```
for (i = 0; i < 10; i++) {
    console.log(i)
}
```

아래와 같은 모습을 볼 수 있다.

10-3

console.log 명령어는 콘솔 창 안에 무언가를 출력하게 한다. 이는 정말 강력한 디버깅 툴이다.

콘솔 외에도 www.jslint.com/가 CSS Lint와 마찬가지 역할을 한다. 다양한 오류와 경고 메시지에 대한 해답을 보여준다.

엑스코드에서 스위프트 디버깅

대부분 통합 개발 환경Integrated Development Environments과 마찬가지로 엑스코드는 다양한 디버깅 기능이 있다. 첫째는 인라인 오류 메시지다. 문법 오류를 명확하게 보여준다. 하지만 오류 메시지 자체는 해독이 필요할 수 있다.

앱에 충돌을 일으키는 일부 코드를 실행하면 매우 불친절한(그리고 특히 도움이 되지 않는) 'terminating with uncaught exception of type NSException'라는 메시지가 나온다.

10-4

그런데 콘솔 창 위쪽으로 올라가면 대개 도움 되는 내용을 찾을 수 있다. 아래에서 나는 존재하지 않는 배열 값을 출력하려고 했다.

```
14
15     override func viewDidLoad() {
16         super.viewDidLoad()
17         // Do any additional setup after loading the view, typically from a nib.
18
19         let array = [1, 2, 3]
20
21         print(array[4])
22
23     }
24
25     override func didReceiveMemoryWarning() {
26         super.didReceiveMemoryWarning()
27         // Dispose of any resources that can be recreated.
28     }
```

Gold Digger › Thread 1 › 2 ViewController.viewDidLo

```
fatal error: Index out of range
(lldb)
```

10-5

엑스코드에서 자바스크립트의 console.log와 같은 역할을 하는 것은 'print' 함수다. 이는 아래와 같이 사용한다.

```
print("Hello World")
```

console.log와 마찬가지로 이를 통해 변숫값을 출력할 수 있다. 그리고 특정 부분의 코드가 실행되는지를 확인할 수 있다. 만약 콘솔 창이 보이지 않는다면 엑스코드 창 위 오른쪽을 클릭하여 이를 나타나게 할 수 있다.

안드로이드 스튜디오에서 자바 디버깅

안드로이드 스튜디오의 디버깅 툴은 엑스코드와 유사하다. 자동화된 오류 체크 기능이 있어서 문법 오류와 경고 메시지를 보여준다.

```
int ageInt = Integer.parseInt(age)~
```
10-6

빨간색의 물결 모양 강조 선은 종종 잘 보이지 않아 세심하게 살필 필요가 있다. 오른쪽의 편집 창에도 빨간 선은 있다. 만약 강조 선이나 해당 줄에 마우스 포인터를 올리면 오류 메시지가 뜬다.

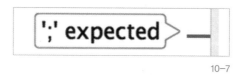
10-7

오류가 들어 있는 일부 코드를 실행하면 엑스코드에서처럼 로그에 오류가 나타나는 것을 볼 수 있다. 또한 로그에서 console.log와 프린트에서와 마찬가지로 메시지를 쓸 수 있는 기능도 있다. 이를 위해 아래와 같이 로그 명령어를 사용한다.

```
Log.i("Message", "The log command was run");
```

각 로그 명령어는 제목(이 경우에는 'Message')과 내용('The log command was run')이 있다. Log.i의 'i'는 information의 약자다. 그리고 명령어에는 다른 로그 타입을 위해 여러 가지 문자를 사용할 수 있다. 가장 흔한 것은 아래와 같다.

- D - Debug.
- I - Info.
- W - Warning.
- E - Error.

Summary note

우리는 주요 디버깅 기법과 다양한 플랫폼을 위한 일련의 디버깅 툴도 검토했다. 디버깅에 소모하는 시간을 줄이기 위해서 필요한 올바른 코드 쓰는 법에 대해서도 배웠다.

디버깅은 어떤 프로그래머에게든지 필요한 절차다. 그리고 그 자체가 또 배우는 과정이다. 디버깅에 접근할 때 가장 중요한 점은 침착성과 체계성이다. 버그 스트레스에 잘 대처하는 것도 중요하다.

디버깅 기술을 실제 삶과 특히 업무에 어떻게 적용할지에 대해서도 잠깐 살펴봤다. 지금 잠깐 시간을 내어 현재 문제가 많거나 비효율적인 일이나 삶의 측면에 대해 생각해보자. 스스로에게 3가지 질문을 던지고 어떤 차이를 만들 수 있는지 찾아본다. 놀라운 결과에 기뻐하기를 바란다.

여기서 '실전' 부분을 마친다. 앞부분에서 배웠던 코딩 기술을 이용해 실제 웹사이트와 앱을 구축하는 법을 살펴봤다. 이제 자신의 코딩 기술을 이용해 커리어를 쌓아나가는 방법에 대해 살펴보자.

PART
04

코딩으로
커리어 경쟁력
갖기

새로운 일자리를 구하려 한다면 면접 볼 때

코딩 관련 실적을 설명하여 면접관들에게 깊은 인상을 남긴다.

현재 역할에서 돋보이기를 원한다면 관리자에게

자신의 코딩 관련 지식을 이용해서 당면 프로젝트에

어떤 역할을 할 수 있는지를 설명하여 능력을 발휘할 수 있다.

코딩으로
커리어 쌓기

많은 고용주들은 직원들이 디지털을 능숙하게 다루기를 간절히 바란다. 소프트웨어가 지배하는 세상에 살지만 그 작동원리를 이해하는 사람은 많지 않다. 그로 인해 모든 분야의 회사에서 기술 격차가 생기고, 디지털 기술에 이해도가 있는 직원을 구하려는 간절함은 갈수록 커지고 있다. 이는 직종을 바꾸지 않는다 하더라도 코딩 관련 프로젝트나 업무를 완수하게 되면 자신의 회사 내 입지가 탄탄해진다는 의미다. 고용주들은 그런 사람을 데리고 있어야 할 이유가 늘어난다. 어떤 프로그래밍 언어를 알고 있고, 어떻게 그것들을 활용할 수 있는지, 어느 정도 수준에 있는지, 그리고 작업한 웹사이트, 앱 또는 프로젝트 리스트를 자신의 이력서에 항상 기재한다. 새로운 일자리를 구하려 한다면 면접 볼 때 코딩 관련 실적을 설명하여 면접관들에게 깊은 인상을 남긴다. 현재 역할에서 돋보이기를 원한다면 관리자에게 자신의 코딩 관련 지식을 이용해서 당면 프로젝트에 어떤 역할을 할 수 있는지를 설명하여 능력을 발휘할 수 있다.

이번 챕터의 모든 제안은 자신의 기술 능력을 개발하고 증명함으로써 커리어 전망을 밝혀줄 것이다. 모든 제안이 자신의 역할이나 분야에 반드시 적용될 수 있는 것은 아니겠지만 약간의 창의적 사고가 (지금까지 배운 코딩 기술과 결합하면) 자신에게 어떤 감동을 줄 수 있는지 놀랄 것이다.

현재 일하는 회사를 위한 앱을 만들 수 있는지, 그리고 만들어진 앱은 어떤 모습이 될지를 고려하면서 시작한다. 다음은 블로그를 시작하는 절차에 대해 그리고 어떤 분야에서 일하는지와 관계없이 왜 이것이 도움이 될 수 있는지에 대해 살펴본다. 아울러 일상적인 업무 흐름을 IFTTT('If This Then That(https://ifttt.com/)'의 준말로 '이럴 땐 이렇게'라는 뜻이다. 온라인 자동화 서비스 플랫폼-옮긴이), 텍스트 확장 Text Expansion, 애플 스크립트와 파워셸과 같은 툴을 사용하여 간소화하고 자동화할 수 있는 여러 방법들을 살펴볼 것이다.

회사를 위한 앱 만들기

자신이 일하는 회사의 유형과 상관없이 특정 앱을 만들어 업무 효율화를 꾀할 수 있다. 나는 교직에 있을 때 기숙사별 점수를 관리하는 간단한 앱을 만들었다. 교직원들은 학생들에게 기숙사 점수를 실시간으로 줄 수 있었다. 또한 학생들은 즉시 어느 기숙사가 가장 높은 점수를 받았는지를 확인할 수 있었다. 자신이나 동료의 업무를 돕기 위해 어떤 앱을 만들 수 있을까? (주의 : 똑같은 역할을 하는 웹사이트를 만들 수도 있겠지만 나는 사람들이 웹사이트보다는 앱을 훨씬 선호한다는 사실을 발견했다.)

회사를 위한 앱을 만드는 것은 어떤 놀라운 아이디어가 아니더라도 앱 개발의 전체 과정을 배울 수 있는 훌륭한 방법이다. 누군가 확실히 자신의 앱을 사용할 것이고 운이 좋다면 약간의 명성을 얻을 수도 있다. 사무실 내에서 디지털 권위자로 우뚝 설지도 모른다!

간단한 앱 아이디어에는 아래와 같은 것들이 있다.

- 새로 들어온 직원에게 사무실 업무에 대한 기본 정보를 알려주는 '신입 직원 교육' 앱
- 주요 전화번호, 이메일 주소, 그 외 정보를 담아서 모든 직원이 편리하게 사용할 수 있는 '중요 정보' 앱
- 특정 목표에 대한 진척 상황이나 매출액, 판매고와 같은 사업 정보를 실시간으로 보여주는 앱

업무 관련 자신의 첫 번째 앱을 만들면서 지켜야 할 가장 중요한 점은 간결함이다(다른 앱과 마찬가지로). 회사의 모든 문제를 한방에 해결하려는 시도보다는 한 가지만 잘하자는 마음이 좋다.

실제 사례를 들자면 존 윌리엄스라는 영국의 소방관이 있다. 그는 동료들이 완수해야 하는 여러 테스트를 통해 훈련을 하지만 누가 각각의 테스트를 성공적으로 완료했는지를 점검하는 통일된 시스템이 없다는 사실을 깨달았다. 게다가 각 지역의 소방서는 서로 다른 훈련 과정을 사용했다. 그는 자신의 지역을 위한 시스템을 만들어서 누구나 온라인을 통해 참여할 수 있을 뿐 아니라 감독관이 각각의 테스트를 누가 통과했는지를 파악할 수 있게 했다. 이를 통해 감독관은 언제

그들을 공식 시험에 내보내야 하는지를 알 수 있게 됐다.

앱을 만든 이후 존은 수많은 지역의 소방서에서 앱을 사용할 수 있게 해달라는 연락을 받았다. 이는 앱 개발 초기의 일이지만 영국 전체 지역 소방서에서 매우 유용한 툴로 쓰였다.

자신이나 동료를 위해 앱을 만들면 '스스로 가려운 곳을 찾아서 긁을 수' 있다. 즉 소수의 사람들이 갖고 있는 문제를 해결할 수 있다. 자신도 그 소수 중 한 사람이기 때문이다. 그리고 동료로부터 빠른 피드백을 구할 수 있다(좋든 나쁘든!). 그리고 자신의 예상보다 앱의 규모가 커질 가능성은 항상 있다.

블로그 시작하기

페이스북과 트위터가 대세인 세계에서 블로그는 약간 구식으로 느껴진다. 물론 소셜 미디어에서 팔로워 수를 늘릴 수도 있지만(이번 챕터 뒷부분에서 효과적인 방법을 살펴본다) 자신만의 블로그를 운영하는 것은 몇 가지 고유한 장점이 있다. 우선 페이스북이나 트위터 계정보다 블로그 개설이 더 어렵다는 사실 자체가 자신의 진지함을 보여준다. 세상을 향해 내가 무언가 이야기할 거리가 있음을 보여줄 뿐만 아니라 정기적으로 사람들이 즐길 만한 콘텐츠를 만들기에 충분한 열정이 있다는 사실을 보여주는 방법이다.

둘째 이는 *자신의* 블로그이기에 콘텐츠에 대한 완전한 소유권과 제어권을 가진다. 소셜 미디어처럼 콘텐츠가 어떻게 보이고, 누가 볼 수 있는지에 대한 자신의 권한이 한정되어 있지 않다.

셋째 가장 중요하게는 구글 효과(구글이 인터넷·IT산업과 미디어산업, 나아가 우리 개개인의 삶에까지 미치는 영향력-옮긴이)가 있다. 다양한 업계 고용주들은 직원을 구하기 위해 검색엔진을 사용한다. 블로그를 운영하고 업데이트하면 누군가 온라인에서 검색했을 때 가장 상단에 블로그가 노출된다. 이는 고용주들에게 깊은 인상을 준다.

넷째 자신만의 도메인 이름이 있으면 갈수록 쓸모가 많아진다. 이미 살펴봤듯이 도메인 이름은 google.com 같은 웹 주소다. robpercival.co.uk를 소유하면서 나는 많은 도움을 받았다. 여러분에게도 강력히 추천한다. 흔한 이름이라면 도메인 확장자를 .me 혹은 .blog와 같이 색다르게 정해야 할지도 모른다. 아니면 블로거 존 그루버가 자신의 블로그 daringfireball.com을 개설할 때처럼 창의성을 발휘할 수도 있다(이에 대해 나중에 더 자세한 이야기가 나온다).

다섯째 블로그를 통해 커뮤니티를 구축할 수 있고 자신에게 권위를 부여할 수도 있다. 유용하고 가치 있는 콘텐츠를 만든다면 자신이 하는 일에 관심이 있는 사람들에게서 팔로잉을 쌓아나갈 수 있다. 자신의 게시물에 댓글을 부탁하면서 사람들을 알아나갈 수 있고, 자신을 중심으로 커뮤니티를 구축할 수 있다. 이런 일들은 매우 강력한 힘이 있어 많은 기회와 가능성의 진원지가 된다.

마지막으로 사용자를 일정 수준 이상 확보하면 블로그 자체가 수익모델이 된다. 특별한 콘텐츠나 제품 추천에 대한 구독을 유료화하거나 다음의 큰 사업 아이디어를 실현할 플랫폼으로 사용할 수도 있다.

블로그를 쓰면 얻을 수 있는 수많은 이점이 있다. 자신의 생각을 유창하고 재미있는 방식으로 표현하면서도 명확하고 조리 있게 쓰도록 동기부여를 받는다. 이는 모든 산업에 걸쳐 드물고 가치 있는 기술이다. 이를 통해 자신의 생각을 명확하게 정리할 수 있다. 글을 더 많이 쓰고 사용자 수가 증가함에 따라 자신감이 더 커진다. 관심 있는 분야에 집중하게 되고 심지어는 공공 기관의 정책에 영향을 줄 수도 있다. 물론 자신의 지식과 경험을 나누면서 사용자들을 도울 수도 있다. 단지 사용자에게 재미를 주는 것만으로도 의미가 있다.

주제 선정하기

'나는 뭐 특별히 쓸게 없는데'라고 생각할지도 모르겠다. 이는 진실이 아니다. 자신이 특별하다고 생각하지 않을지도 모르지만 누구나 자신만의 경험과 기술, 취미가 있다. 만약 무엇을 써야 할지 확신이 없다면 펜과 비어 있는 종이를 앞에 두고 앉아라. 관심 가는 20개의 주제를 써라. 아마 취미, 예술이나 음악 스타일, 세계의 어느 지역, 스포츠, 일과 관련된 이슈, 자선 행위나 정치적 대의, 기술, 혹은 그 외의 어떤 것 등이 포함될 수 있다. 무엇에 대해 쓰고 싶은 마음이 드는지, 어떤 주제가 자신이 토론하기에 더 편한 주제인지를 생각해본다. 최고의 블로그 글쓰기는 정보가 들어 있고 열정적이지만 그렇다고 대단히 사회적인 권위가 있는 사람들만이 성공적인 블로그를 구축하는 것은 아니다. 그저 정기적으로 책임감 있게 좋은 콘텐츠를 올리는 평범한 사람들이다.

아직도 무엇을 써야 할지 모르겠다면 자신의 일에 대해 매우 정직하게 접근해보자. 회계사, 선생, 공무원, 비행기 파일럿으로서 하루하루를 살아가는 것이 어떤지를 나눈다. 아니면 완전히 새로운 취미나 새로운 것을 배우면서 그 과정을 블로그에 올릴 수도 있다. 심지어 지금 배우는 코딩에 대해 블로그를 만들 수도 있다!

사업을 시작하는 것과 마찬가지로 블로그를 시작하는 것은 감정적 고통이 수반된다. 그리고 첫걸음을 떼기 위해서는 자신감이 필요하다. 하지만 그 보답은 믿을 수 없을 정도다. 어디까지 이어질지는 누구도 알 수 없다.

블로그 성공 스토리

대의명분

블로그를 써서 커다란 성취를 이룬 사람들에 대한 이야기는 수도 없이 많다. 특별히 인상적인 이야기 중 하나가 마사 페인이다. http://neverseconds.blogspot.co.uk/에 '네버 세컨즈Never Seconds'라는 블로그를 운영하는 스코틀랜드의 9살 소녀다. 그녀는 질 낮은 학교 급식에 대한 이야기를 쓰기 시작했다. 3개월 안에 전국 미디어의 관심을 끌었고 지역 당국은 재빨리 해당 학교의 급식 수준을 개선하기 시작했다. 마사는 말라위의 학교 어린이들을 위한 기금으로 £100,000를 모금했고 옵서버가 주는 올해의 블로그 상을 받았다. 그리고 그녀의 경험을 내용으로 하는 책까지 냈다. (인기 있는 블로그는 대개 책 출판으로 이어진다. 버킷리스트에 저자되기가 있다면 블로그를 시작해야 할 또 하나의 이유다.)

취미를 직업으로

존 그루버는 필라델피아에서 온 소프트웨어 개발자였다. 그는 2002년에 '달링 파이어볼Daring Fireball'이라는 블로그를 시작했다. 그는 자신의 관심을 끄는 모든 것에 대해 글을 썼다. 주로 애플, 소프트웨어 개발, 사용자 인터페이스와 관련된 주제다. 그는 열정적이고 명확한 주장이 담긴 글을 쓰는 것으로 유명해졌다. 블로그의 인기는 점점 늘어나서 2010년에는 제3자(컴퓨터 제조업체, 컴퓨터 제조업체의 자회사 또는 하청업자로서가 아니고, 독자적으로 개인용 컴퓨터^{PC}의 주변 장치나 응용 소프트웨어를 개발, 제조, 판매하는 사업자의 총칭. 흔히 서드 파티라고 부른다-옮긴이) 아이폰 앱 구축에 관한 특정 포스트 하나가 스티브 잡스가 고객에게 보내는 이메일에 언급되었다. 이 논쟁적인 주제는 미디어에 의해 다뤄졌고 이로 인해 '달링 파이어볼'은 거대 뉴스 사이트 수준의 인기를 얻었다.

블로그는 2006년에 그루버의 직업이 되었다. 광고와 스폰서 그리고 제휴 링크를 통해 수입이 발생했다. 제휴 링크는 특정 제품으로 연결되는 통로다. 그리고 사용자가 링크를 타고 들어가 특정 제품이나 동일 종류의 제품을 구매하면 고정된 금액이나 구매액의 일정 비율이 원래 사이트의 공급자(여기서는 그루버)에게 지급된다. 제휴 링크에 대해 뒤에서 좀 더 살펴본다.

그루버는 이제 '토크쇼^{The Talk Show}'라는 팟캐스트를 운영하면서 세계 여러 곳에서 강연하고 있다. 책 출판과 아울러 언젠가 대중 강연을 하고 싶은 꿈이 있다면 블로그를 시작하는 것이 훌륭한 첫걸음이다.

그루버의 블로그 성공 이야기는 블로그를 만들고 유지하는 데 시간은 걸리지만(그에게는 직업이 되기까지 4년이 필요했다) 특별한 자격이나 경험 또는 내부 지식 없이도 성공할 수 있다는 점을 보여준다. 그는 '그저 또 다른' 소프트웨어 개발자였고 자신의 이야기를 나눔으로써 인생을 완전히 바꿨다.

진흙투성이 스틸레토

블로그가 꼭 통찰력 있는 의견이나 충격적인 진실을 담아야 할 필요는 없다. 그저 재미있으면 된다. 헤로 브라운은 2011년에 http://muddystilettos.co.uk/라는 블로그를 시작했다. 그녀는 영국 버킹엄셔 주민들에게 쇼핑과 저녁 식사하기 좋은 곳을 소개했다. 2012년 12월에 블로그는 브라운의 직업이 되었고 이후에 9개 주에서 호텔과 레스토랑, 그리고 전원생활에 관한 체험 정보를 제공하는 일등 사이트로 성장했다.

위의 3가지 성공 스토리 외에도 더 많은 사례들이 있다. 캐시디는 그녀의 6살 아이들과의 일상을 http://mscassidysclass.edublogs.org/에서 공유한다. 브라운은 요가에 대해 www.jbrownyoga.com/에 블로그를 개설했고 이를 통해 온라인 워크숍을 열었다. 마크 리는 http://marksaccjokes.blogspot.co.uk/에 회계에 관한 블로그를 열어서 상담과 대중 연설을 위한 기회로 활용한다.

자신의 커리어를 위해 무엇을 원하든지 간에 블로그는 훌륭한 시작점이다.

블로그 만드는 법

블로그를 만드는 것은 다른 웹사이트를 구축하는 것과 많이 유사하다. 내가 앞서 다뤘던 도메인 이름을 사고, 웹호스팅을 하고, 다른 일반적인 절차 등을 거쳐야 한다. 중요하게 고려해야 할 사항은 어떤 플랫폼을 사용할 것인가이다. 웹 개발에서처럼 사용할 수 있는 블로깅 플랫폼으로, wordpress.com과 tumblr.com, blogger.com을 포함해서 여러 가지가 있다. 이들 모두는 블로그를 빠르게 개설할 수 있게 돕는다. 하지만 가장 큰 단점은 자신의 콘텐츠를 완전하게 소유하지 못한다는 점이다. 다른 플랫폼으로 옮길 경우 이는 매우 까다로워진다. 또한 기능이나 스타일, 레이아웃, 사용할 수 있는 사이트 구조 등에서 한계가 있다.

나는 스스로 호스팅한 플랫폼을 사용할 것을 추천하다. 지금까지 블로거들이 가장 많이 사용하는 플랫폼은 워드프레스다. (Wordpress.com은 워드프레스가 호스트된 버전이라는 점을 유의한다. 이는 같은 기능을 폭넓게 제공한다. 하지만 스스로 호스팅한 설정은 자신의 사이트에 대한 완전한 제어권을 행사할 수 있다.) 워드프레스 웹사이트에 대한 호스팅을 설정하기 위한 조언은 챕터 7을 참조해라.

호스팅 설정이 끝났다면 호스팅 공급자는 워드프레스를 설치하는 방법과 전체 과정을 안내해준다. 도메인 이름을 사는 것부터 자신의 사이트가 온라인에 공유되기까지 몇 시간 이상 걸리면 안 된다(그리고 대부분 시간은 웹사이트가 온라인에 오르기까지 기다리는 시간이다).

코딩 기술이 전혀 없어도 블로그를 만드는 것은 가능하다. 하지만 자신의 HTML과 CSS 지식을 사용하여 자기가 원하는 사이트의 모습과 느낌을 목적에 맞게 꾸밀 수 있다. 또한 자바스크립트와 다른 언어들을 사용하여 사이트에 특정 기능을 추가하고 로그인 폼과 일정

표 같은 요소들을 목적에 맞춰 조정할 수 있다.

여전히 블로그를 할 준비가 되지 않았다면 코딩으로 커리어를 강화하거나 업무를 효율화할 수 있는 다른 방법도 많다. 코딩을 이용하여 업무 처리의 속도를 올리거나 자동화하는 방법을 알아보자.

자동화할 수 있는 업무 찾기

거의 모든 일에는 더욱 효율적으로 처리할 수 있는 업무 절차가 있다. 만약 마케팅에 종사한다면 같은 게시물을 트위터와 페이스북 그리고 다른 소셜 네트워크에 올리는 작업을 할 확률이 높다. 만약 이메일을 많이 써야 한다면 같은 문구, 문장 또는 문단을 반복해서 타이핑할 수도 있다. 많은 웹사이트에서 이메일 주소를 모아야 할 수도 있고, 많은 수의 파일 이름을 변경해야 할 수도 있다. 또는 저장된 파일 목록에서 특정 단어를 검색해야 할 수도 있다. 이러한 각 작업을 자동화하는 방법을 알아보고, 우리가 만들 툴의 일반적인 사용 사례를 살펴보자.

자동화 서비스 IFTTT

IFTTT는 많은 종류의 다른 앱들을 연결시키고 다양한 절차를 자동화하는 웹 서비스다. 각 절차를 애플릿applet이라고 부른다. '내가 페이스북에서 드롭박스로 태그한 모든 사진을 저장해'부터 '상황이 악화되면 내게 이메일을 보내기'까지 다양한 범위가 있다. 하지만 더욱 유용한 애플릿이 다양한데 '특정 해시태그를 사용할 때 페이스북에

트윗을 올려라' 같은 형태도 가능하다. 이를 통해 첫 번째 문제가 해결된다. 소셜 미디어 계정을 관리하는 것이 업무 중 일부라면 어마어마한 시간을 절약할 수 있다.

현재 하지는 않지만 자동으로 처리해서 업무에 도움을 받을 수 있는 일을 찾을 수도 있다. 예를 들어 뉴스레터를 보내기 위해 메일침프 Mailchimp를 사용하고 있다면 이메일을 통해 동료들과 최신 뉴스 레터의 성과를 자동적으로 공유할 수 있다(https://ifttt.com/applets/DHFQvPEj-share-newsletter-performance-with-the-team).

코딩을 하지는 않지만 IFTTT를 사용하면 애플릿을 실행하려는 조건과 원하는 결과를 정확하게 고려해야 한다. 그래서 코딩할 때와 대부분 동일한 과제들을 해결해야 한다. 삶이 훨씬 더 편해질 뿐만 아니라 생산성을 극적으로 높일 수 있다. 이용 가능한 애플릿을 살펴보고 현재 자신의 역할에 어떻게 적용할지 생각해보자.

텍스트 확장

많은 직장에서 유사한 문구나 문장을 하루에도 여러 번 반복해서 사용한다. 최소한 집주소나 전화번호, 이메일 주소를 정기적으로 타이핑한다. 텍스트 확장은 어떤 텍스트든지 짧게 줄여서 사용할 수 있게 해준다. 그래서 'What do you think?'를 'wyt'로 줄여 사용할 수 있다.

일부 텍스트 확장 앱은 이미지를 삽입할 때도 특정 코드를 부여하거나 탭 또는 엔터키를 사용할 수 있게 한다. 특정 사이트에 로그인할 때도 단축 코드를 이용할 수 있다. 단축 코드로 이메일 주소를 삽입하도록 지시한 다음 탭 키를 눌러 암호 필드로 이동하고 암호를 입력한 다음 다시 탭 키를 눌러 로그인 버튼으로 이동하여 엔터키를 눌러 로 그인한다.

어떤 업무를 하느냐에 따라 얼마나 시간을 절약할 수 있는지가 결 정된다. 하지만 몇 가지 기본적인 문구에 대한 단축 코드 설정이 전혀 도움이 되지 않는 경우는 드물다.

맥OS에서 텍스트 확장

텍스트 확장 기능은 맥OS에 내장되어 있어서 고급 기능을 원하 지만 않는다면 따로 별도의 소프트웨어를 다운로드하지 않아도 된 다. 이 기능에 접근하려면 화면 위 왼쪽의 애플 아이콘을 클릭하고 'System Preferences and Keyboard'를 선택한다. 그리고 'Text' 탭을 선택하면 'Keyboard Shortcuts' 창을 볼 수 있다.

+ 버튼을 사용해서 새로운 단축 코드를 추가해라. 그러면 성공이 다!

윈도우에서 텍스트 확장

윈도우에는 내장 텍스트 확장 기능이 없다. 하지만 www.phrase-express.com에서 개인 사용자에 한해 무료 보급판을 사용할 수 있고, www.wordexpander.net/는 무료다.

더 고급 기능을 알아보고 싶다면 'Phrase Express' 완전판과 크로스 플랫폼 'Text Expander'(https://textexpander.com/)로 시작한다. 텍스트 확장은 IFTTT처럼 코딩이 필요하지는 않지만 어떤 방식으로 목표를 이룰지 주의 깊게 생각해야 한다. 좀 더 고급 기능을 사용하고 싶다면 훨씬 복잡해진다. 지금 시도해보고 시간을 얼마나 절약할 수 있는지 살펴본다.

파이썬으로 웹사이트에서 이메일 주소 추출하기

웹사이트에서 정보를 자동으로 추출하는 과정을 스크래핑scraping이라 한다. 파이썬에서 널리 사용된다. 예를 들어 이메일 주소나 다양한 책 또는 블로그 포스트의 제목을 수집할 때 시간을 대폭 절약할 수 있다. 이 같은 일에 파이썬은 기능이 뛰어나다. 나는 아래에 간단한 웹 스크래퍼를 첨부했다. 이 스크래퍼는 특정 페이지에서 시작하여 웹을 '크롤링crawling'한다. 크롤링은 원본 페이지의 링크를 찾아서 여러 개의 서로 다른 웹페이지를 다운로드하는 절차다. 이 경우에는 www.ecowebhosting.co.uk에서 시작하여 모든 연결된 링크를 찾고 각 페이지에서 콘텐츠를 다운로드한다. 그리고 내용 중에서 이메일 주소를 찾는다.

이는 웹사이트 스크래핑을 더 쉽게 도와주는 파이썬 라이브러리인 'Beautiful Soup'(www.crummy.com/software/BeautifulSoup/)을 사용한다.

코드는 http://scraping.pro/simple-emailcrawler-python/를 약간 편집한 버전이다. 우리가 지금껏 봐왔던 것에 비해 심화된 기능의 파이썬을 사용했고 주석이 잘 달려 있다. 그래서 한 줄 한 줄 검토하지는 않겠지만 만약 자신의 작업에 웹 스크래핑을 어떻게 사용할지에 대한 아이디어가 있다면 주석을 잘 살펴서 어떻게 작동하는지 이해

할 수 있을 것이다. 그리고 자신의 정확한 목적에 맞춰 코드를 작성해
사용한다.

```python
from bs4 import BeautifulSoup
import requests
import requests.exceptions
from urllib.parse import urlsplit
from collections import deque
import re

# a queue of urls to be crawled
new_urls = deque(['http://www.ecowebhosting.co.uk'])

# a set of urls that we have already crawled
processed_urls = set()

# a set of crawled emails
emails = set()

# process urls one by one until we exhaust the queue
while len(new_urls):

        # move next url from the queue to the set of
processed urls
        url = new_urls.popleft()
        processed_urls.add(url)

        # extract base url to resolve relative links
```

```python
        parts = urlsplit(url)
        base_url = "{0.scheme}://{0.netloc}".format(parts)
        path = url[:url.rfind('/')+1] if '/' in parts.path
else url

        # get url's content
        print("Processing %s" % url)
        try:
        response = requests.get(url)
        except (requests.exceptions.MissingSchema,
requests.
        exceptions.ConnectionError):
        # ignore pages with errors
        continue

        # extract all email addresses and add them into
theresulting set
        new_emails = set(re.findall(r"[a-z0-9\.\-+_]+@[a-
z0-9\.\-+_]+\.[a-z]+", response.text, re.I))
        emails.update(new_emails)

        # create a beautiful soup for the html document
        soup = BeautifulSoup(response.text)

        # find and process all the anchors in the document
for anchor in soup.find_all("a"):
        # extract link url from the anchor
        link = anchor.attrs["href"] if "href" in anchor.
attrs else "
```

```
# resolve relative links
if link.startswith('/'):
link = base_url + link
elif not link.startswith('http'):
link = path + link
# add the new url to the queue if it was not
enqueued nor processed yet
if not link in new_urls and not link in processed_
urls:
new_urls.append(link)
```

맥OS에서 자동화

영상 파일을 내보낸다거나 특정 해상도로 포토샵 파일을 저장하는 등 컴퓨터에서 정기적으로 수행하는 업무가 있다면 이를 자동화할 수 있는 확률이 높다. 맥OS와 윈도우에서 이를 어떻게 하는지 여기서 살펴보자.

모든 맥 컴퓨터는 애플 스크립트가 내장돼 있다. 텍스트를 타이핑하거나 메뉴 아이템을 클릭하고 앱을 열기 위해서, 그 외 많은 목적을 위한 프로그래밍 언어다. 애플 스크립트를 시작하기 위해 cmd-space 키를 사용해서 스포트라이트Spotlight를 연다. 그리고 '스크립트 에디터Script Editor'를 입력한다. 이제 맥OS 애플 스크립트 편집기가 열린다.

애플 스크립트를 편집하고 만들 수 있는 간단한 프로그램이다. 애플 스크립트가 어떻게 실행되는지 보여주기 위해 다음 일련의 파일

이름을 한꺼번에 바꿔주는 스크립트가 있다.

코드는 https://gist.github.com/oliveratgithub/b9030365c9ae483984ea 에서 가져왔다. 주석이 잘 달려 있으므로(애플 스크립트의 주석은 '--'으로 시작한다) 이를 통해 어떻게 실행되는지 살펴보자.

```
set text item delimiters to "."

tell application "Finder"

set all_files to every item of (choose file with prompt
"Choose
the Files you'd like to rename:" with multiple
selections
allowed) as list

display dialog "New file name:" default answer ""

set new_name to text returned of result

-- now we start looping through all selected files.
'index' is
  our counter that we initially set to 1 and then count
up with
  every file.

-- the 'index' number is of course required for the
sequential
```

```
    renaming of our files!

repeat with index from 1 to the count of all_files

--using our index, we select the appropriate file from
our list

set this_file to item index of all_files

set file_name_count to text items of (get name of this_
file)

-- if the index number is lower than 10, we will add a
preceding
  "0" for a proper filename sorting later

if index is less than 10 then

set index_prefix to "0"

else

set index_prefix to ""

end if

--

-- let's check if the current file from our list (based
```

```
on indexnumber)
  has even any file-extension

if number of file_name_count is 1 then

-- file_name-count = 1 means, we extracted only 1 text-
string
  from the full file name. So there is no file-
extension
  present.

set file_extension to ""

else

-- yup, we are currently processing a file that has a
fileextension

-- we have to re-add the original file-extension after
changing
  the name of the file!

set file_extension to "." & item -1 of file_name_count

end if

-- let's rename our file, add the sequential number from
'index'
  and add the file-extension to it
```

```
set the name of this_file to new_name & index_prefix &
index &
file_extension as string

end repeat

-- congratulations for successfully accomplishing the
batch
  renaming task:)

display alert "All done! Renamed " & index & " files
with '" &
new_name & "' for you. Have a great day!:)"

end tell
```

스크립트를 시험해보려면 이를 복사해서 스크립트 에디터에 붙여
넣기 하고 File → Export 순으로 클릭한다. 파일 포맷을 어플리케이
션으로 바꾸고 이름을 'Bulk Renamer'라고 붙인다.

이제 앱을 실행하면 이름 바꾸기가 이뤄진다. 일상적인 업무 흐름
에 반복적인 일이 있다면 애플 스크립트 앱을 만들어서 자동화할 수
있는지를 알아보자.

윈도우에서 자동화

윈도우에서 애플 스크립트와 같은 역할을 하는 것은 파워셸이다. 파워셸 5.0은 윈도우 10에 포함되어 있다.

파워셸을 열기 위해서는 화면 아래 왼쪽의 검색창에 'Powershell'을 입력하면 된다. 아래 코드는 http://www.adminarsenal.com/admin-arsenalblog/powershell-searching-through-files-for-matching-strings/에서 가져왔다. 이 또한 설명이 자세히 되어 있다(주석은 #으로 시작한다).

```
#######################################################
$Path = "C:\temp"
$Text = "This is the data that I am looking for"
$PathArray = @()
$Results = "C:\temp\test txt"

# This code snippet gets all the files in $Path that end
in
".txt".
Get-ChildItem $Path -Filter "*.txt" |
Where-Object { $_.Attributes -ne "Directory"} |
ForEach-Object {
If (Get-Content $_.FullName | Select-String -Pattern
$Text) {
$PathArray += $_.FullName
$PathArray += $_.FullName
}
```

```
}
Write-Host "Contents of ArrayPath:"
$PathArray | ForEach-Object {$_}

#####################################################
```

맥OS와 같이 윈도우 기기로 반복적인 업무를 하고 있다면 파워셸을 이용해 효율성을 도모할 수 있는지 시간을 들여 살펴본다.

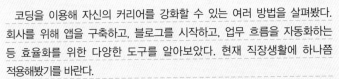

Summary Note

코딩을 이용해 자신의 커리어를 강화할 수 있는 여러 방법을 살펴봤다. 회사를 위해 앱을 구축하고, 블로그를 시작하고, 업무 흐름을 자동화하는 등 효율화를 위한 다양한 도구를 알아보았다. 현재 직장생활에 하나쯤 적용해봤기를 바란다.

이제 다음 단계로 넘어가서 코드를 사용하여 제품을 개발하거나 사업을 시작하는 방법을 생각해보자. 이 과정은 전자책이나 동영상 같은 디지털 제품을 만들어 판매하는 것처럼 간단할 수도 있고 차세대 거대 소셜 네트워크 구축을 고민해볼 수도 있다. 아이디어 창출에서 마케팅 및 비즈니스 성장에 이르기까지 모든 과정을 살펴보자.

12

코딩과 창업

코딩을 배워 자신만의 사업, 제품 또는 서비스를 만들고, 전 세계 사람들이 이에 즉시 접근할 수 있게 한다는 것은 정말 흥분되는 일이다. 이것은 인류 역사에서 불과 지난 20여 년 전에야 가능해진 일이다. 이 때문에 창업을 하는 데 드는 비용이 0에 가깝게 떨어졌다.

웹사이트를 만들고 호스팅하는 방법과 안드로이드 및 iOS용 앱을 구축하는 방법을 이미 확인했다. 이번 챕터에서는 새로운 기술을 사용하여 온라인 사업을 시작하는 과정을 안내한다. 언제나처럼 실용적인 관점에서 살펴보겠다. 이 부분을 읽어가는 도중 아이디어나 사업 계획이 떠오르면 바로 메모할 수 있도록 펜과 종이를 준비한다.

이번 챕터가 끝날 때까지 최소한 한 가지 사업 아이디어를 제안하고 테스트하는 것이 목표다. 마크 주커버그나 빌 게이츠가 되지 못할 수도 있겠지만, 적어도 제2의 수입을 올릴 수 있고 분명 많은 재미를 보게 될 것이다. 또 그 과정에서 많은 것을 배울 수 있다.

어떻게 사업 아이디어를 만들어낼 수 있는지, 그리고 어디에서 가장 좋은 아이디어가 나오는지를 살펴보는 것으로 시작하자. 그런 다음 여러 가지 아이디어 중 무엇을 선택해야 성공할 가능성이 가장 높은지를 검증하는 방법을 알아보자. 마지막으로 초기 제품의 제작과 고객에게 제공하는 방법 및 가격에 대해 살펴본다.

코딩과 창업의 관계

다음의 사례와 제안은 대부분 코딩과 관련이 없기 때문에 사업을 시작하기 위해 코드가 필요한 이유에 대해 궁금할 것이다. 답은 물론 코드를 배우지 않고도 비즈니스를 시작할 수 있다는 것이다. 하지만 코딩은 전체 과정을 훨씬 더 쉽게 만든다.

자신이 이용하는 웹사이트와 서비스가 어떻게 기능하는지를 잘 이해하고 효과적으로 사용할 수 있게 해줄 뿐만 아니라 코딩을 하지 못한다면 지속적으로 어려운 숙제에 좌절하게 될 것이다. 만약 자신의 사업을 하는 데 있어 웹사이트가 필요하다면 누군가에게 비용을 지불하기보다는 직접 만들 수 있다. 만약 사업에 앱이나 메일링 목록 또는 자동화된 과정이 필요하다면 이를 만들면 된다. 많은 자유가 주어진다.

자신만의 앱이나 웹사이트를 구축하지 않는다고 해도 코딩의 기본을 안다는 것은 관련 작업을 하는 사람과 효과적으로 의사소통할 수 있다는 것을 의미하고, 이는 더 나은 작업 결과로 이어진다. 그리고 당연히 비용을 절감할 수 있다.

아이디어는 어디에서 오는가

모든 위대한 사업은 하나의 아이디어에서 비롯한다. 아이디어는 어디에서 나올지 모른다. 그러나 내 경험에 따르면 성공적인 아이디어를 찾을 수 있는 가장 믿음직한 방법은 이미 익숙한 것들 사이의 틈새를 노리는 것이다. *자신의 가려운 곳을 스스로 긁어라.* 이미 앞에서 언급한 적 있다. 이를 듣고 무언가 찔리는 게 있다면 다른 많은 사람도 마찬가지일 확률이 높다.

예를 들어 요가 강사인데 사람들이 관련 정보를 얻거나 요가 강사들을 평가할 수 있는 중심 포털이 존재하지 않아 고객을 구하기 힘들다면 그 포털사이트를 만드는 것이 좋은 아이디어가 된다.

혹은 배관공으로서 송장이나 결제 관련 문제를 처리하는 것이 고역이라면 이 과정을 특별히 배관공의 업무에 맞춰 자동화한다면 스스로도 도움이 되지 않을까? 만약 그렇다면 다른 많은 배관공에게도 도움이 될 것이다.

틈새시장이 너무 작을까봐 걱정하지는 마라. 일단 '인력'이 작용하면(즉, 많은 사람이 적극적으로 서비스를 이용하기 시작하면) 거의 항상 관련된 분야로 확장할 가능성이 생긴다. 요가 포털은 다른 스포츠 활동으로 커갈 수 있고 배관공을 위한 송장 서비스는 다른 많은 영역으로 확장될 수 있다.

벌써 머릿속에 여러 가지 아이디어가 솟아나기 시작했기를 바란다. 이제 시간을 내서 더욱 효과적으로 아이디어를 찾아보자. 사업의 틈새 분야에 대한 특별한 지식이나 경험이 중요하지만(필수적인 것은 아니다) 성공의 확률을 잠재적으로 높여줄 2가지 다른 요인이 있다.

첫째는 다른 사람들이 미처 하지 못한 특정한 아이디로 성공할 수 있도록 도와줄 특별한 기술이 있는지 여부다. *다른 누구보다도 이 사업을 잘 구축할 수 있게 해줄 특별한 기술이 있는지를 자신에게 물어본다.* 정말 정교하게 연마한 사업적 본능이 필요하다는 의미는 아니다. 하지만 그 특별한 사업에 요구되는 능력에는 부합해야 한다. 자신의 아이디어가 대중 연설이 필요하고, 그 생각으로 자꾸 겁먹게 된다면 그 사업은 자신에게 최적의 환경은 아니다. 특히 창의적이라면 그 창의성을 마음껏 발휘할 수 있는 사업 아이디어를 찾아라. 숫자 다루기를 즐긴다면 성공하는 데 숫자가 중요한 요소로 작용하는 아이디어를 찾아라.

두 번째 요소는 즐겨하는 일이 무엇인가이다. 대개 사람들은 자신이 잘하는 일을 즐긴다. 물론 항상은 아니지만 겹치는 경우가 많다. 나는 기타 치며 노래 부르기를 즐기지만 아직 직업으로 하지는 않는다. 특별한 아이디어를 만들고 키워내는 업무를 즐긴다면 성공할 확률은 무척 커진다. 각 아이디어에 대해 자신이 추진해나가고 실제 일상의 행위로 한다고 상상해보라. 재미가 느껴지는가? 만약 그렇다면 그 사업을 성공시킬 확률은 무척 높아진다.

나는 종종 이 3가지 요소를 벤다이어그램으로 생각해본다. 자신을 위한 완벽한 사업 아이디어가 중심에 놓여 있다. 자신의 기술, 경험과 즐겨하는 일이 겹쳐 있는 곳이다.

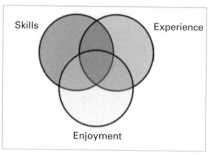

자신만의 개인적 경험을 바탕으로 사업 아이디어를 떠올려보자. 일, 취미, 혹은 자기 삶의 다른 측면과 관련된 일일 수 있다. 가능한 한 많은 아이디어를 브레인스토밍 해보자. 최소한 20개 이상을 목표로 한다. 아이디어 대부분은 처음에 황당하고 불가능해 보인다. 하지만 미친 것처럼 보이는 아이디어가 종종 매우 감각적인 사업의 씨앗이 될 수 있으니 어쨌든 포함시킨다.

스타트업 이야기

2012년에 앨리스 홀은 27세였다. 당시 그녀는 경제적으로 무척 어려웠다. 충동적으로 90파운드에 구입한 드레스를 온라인에 되팔았다. 옷은 재빨리 팔렸다. 그 수익을 이용해 180파운드어치 옷을 구매해 다시 팔았고, 웹사이트 pinkboutique.co.uk를 만들 준비가 될 때까지 사고팔기를 반복했다. 2016년 6월이 되면서 사업의 총매출은 7백만 파운드에 이르렀고, 하루에 2,000개의 옷이 세계로 팔려나갔다. 성공적인 사업을 시작하기 위해 화려한 사업 경력이나 거대한 초기 투자가 필요한 것은 아니다. 오직 필요한 것은 '시작'이다.

제품 vs 서비스

제품 기반 사업과 서비스 기반 사업을 분명하게 구분하는 것이 중요하다. 두 사업은 각각 분명한 장단점이 있기 때문이다.

서비스 기반 사업은 웹호스팅 회사일 수도 있고 좋은 가정부를 찾는 플랫폼일 수도 있다. 구글, 페이스북, 보다폰은 서비스 기반 사업이다. 서비스는 *반복되는 수입*을 만들 수 있는 엄청난 잠재적 장점이 있다. 이는 계속적인 서비스에 고객들이 비용을 지불할 때 수익이 발생한다. 지속적인 수입은 매달 특정 금액의 수입에 의존할 수 있어 매우 강력한 효과가 있다. 그리고 사용자 기반이 커져가면서 자연스럽게 장기적 수입 증가를 기대할 수 있다. 물론 고객들이 비용을 지불하는 한 가치 있는 서비스를 제공해야 한다. 이를 할 수만 있다면 반복적인 수입 흐름은 모든 사업에서 매우 요긴하다.

제품 기반 사업은 전자책, 비디오 강의, 또는 재판매 드레스일 수도 있다. 애플, 존 루이스, 로레알은 주로 제품 기반 사업이다. 사용자를 위해 복잡한 서비스를 생성하지 않아도 되기 때문에 시작은 더 쉬울 수 있다. 또한 경쟁 업체와 차별화하기도 더 쉽다. 특히 특정 제품을 판매하는 유일한 기업일 경우에는 더욱 그렇다. 그러나 제품 기반 사업에서는 반복적인 매출이 발생할 가능성이 더 낮으며 새로운 수입을 창출하기 위해 계속해서 새로운 제품을 만들어내야 한다.

두 종류의 사업 모두 성공적일 수 있지만, 자신의 아이디어가 어떤 것인지 명확히 하는 것이 좋다. 일정 시간을 내어 제품 및 서비스 사업에 대해 적어놓은 아이디어를 정리하고 반복적인 매출의 잠재성이나 새로운 제품을 창출하여 비즈니스를 성장시키는 방법을 생각해보자.

몇 가지 아이디어 사례

처음 시도한 사업이 성공할 확률은 그리 높지 않다. 초기 단계에서는 무엇보다 무언가를 시도한다는 사실이 중요하다. 실수는 *발생한다*. 책에서 배우는 데는 한계가 있다. 이제 세상으로 나가서 필요한 실수를 할 차례다. 사업이 성공하지 못한다 하더라도 그로부터 많은 것을 배운다. 코딩에 대해, 마케팅과 사람들의 사랑을 받는 무언가를 만드는 법까지 새롭게 배울 수 있다.

아래에 거의 누구나 시도해볼 수 있는, 첫 번째 사업 아이템으로 적당할 만한 것들이 있다. 아래 각각은 모두 성공하기 위해 시장을 조사하고 제품이나 서비스를 만든 다음 이를 적극적으로 판촉해야 한다. 어떤 사업을 시작하든지 간에 필요한 3가지 핵심 기술이다.

e북

엄청난 소설을 쓰라는 것이 아니다. e북^{ebook}을 만드는 것은 사업을 시작하는 절차와 유사하다. 자신 있고 경쟁력 있는 분야에서 주제를 골라야 하고 이상적으로는 자신만의 관점이 들어가면 좋다. 걸작이어야 할 필요는 없다. 하지만 사람들이 적극적으로 찾는 유용한 정보를 제공해야 한다. 아마존에서 e북을 무료로 출판할 수 있다.

비디오 강의

udemy.com과 stackskills.com, videodirect.amazon.com 등을 포함해 많은 웹사이트에서 비디오 강의를 올리고 판매할 수 있다. e북과 마찬가지로 시장성이 있고, 잘 가르칠 수 있는 주제를 선택해라.

워드프레스 플러그인 또는 테마

이미 살펴봤듯이 워드프레스는 전체 웹의 25% 비중을 차지한다. 관련 애드온과 플러그인을 위한 거대한 시장이 존재한다는 사실을 알 수 있다. 또한 자신이 개발한 제품을 워드프레스 사용자에게 직접 판매할 수 있는 플랫폼들이 잘 만들어져 있다. 테마는 wordpress.org/themes/에서 이용 가능하다. 그리고 좋은 안목이 있다면 인기 있는 테마를 쉽게 만들 수 있다. 해당 페이지의 모든 테마는 무료지만 부가 기능에 대해서는 요금을 부과할 수 있다. themeforest.com 같은 사이트에서는 테마를 직접 판매할 수도 있다.

워드프레스 플러그인(wordpress.org/plugins/)은 워드프레스에 별도의 기능을 추가한다. 웹사이트의 속도를 올리는 것부터 새로운 소셜 네트워크를 만드는 것까지 거의 모든 작업에 대한 플러그인을 찾을 수 있다. 테마와 마찬가지로 기존의 것들보다 새로운 기능을 제공하거나 더 직관적인 사용자 인터페이스를 가진 플러그인을 만들어라.

자신만의 차별화된 셀링 포인트

사업 아이디어를 구체화할 때 자신만의 차별화된 *셀링 포인트*USP, Unique Selling Point를 구축하는 것이 매우 중요하다. 이는 사람들이 다른 상품이나 서비스에 우선해서 자신의 상품이나 서비스를 선택하는 이유다. 제품 자체의 품질이 더 높거나, 더 빠르거나, 보기 좋아서 등 여러 가지 이유가 있을 수 있다. 또는 다른 곳에서는 찾을 수 없는 독특한 기능이 이유가 될 수도 있다. 또는 고객 서비스와 같이 부수적인 요소

때문일 수도 있다.

지금까지 써놓은 각각의 사업 아이디어에 대해 어떤 USP가 가능한지 적어봐라. 만약 아무것도 쓸 수 없다면 그 아이디어는 오래가지 못한다.

사업을 언제 시작할 것인가?

나는 사업 초기에 자칭 '기관총 접근법'이는 전략을 사용했다. 나는 내가 환상적인 아이디어를 떠올렸다고 생각했다(아니면 최소한 기존 회사보다 더 나은 웹사이트, 더 나은 사업을 구축할 수 있다고 자신했다). 만약 내가 [여기에 거대 회사의 이름을 넣어라]의 1% 규모에만 이르러도 살아남을 수 있다고 생각했다. 그리고 나는 웹사이트를 구축했고 사업을 시작했다. 하지만 서비스는 희망한 만큼 인기를 얻지 못했고 고객들은 까다로웠다. 다시 다른 환상적인 아이디어를 떠올렸고 전진했다.

이러한 접근법은 결국 실패로 끝나는 사업에 많은 시간을 소모하게 된다는 단점이 있다. 앞에서도 말했지만 나는 이를 통해 많은 것들을 배웠다(그리고 많은 실수를 했다). 마침내 성공적인 아이디어를 떠올렸을 때 앞서 배운 교훈들을 적용했고, 두 번 다시 같은 실수를 하지 않을 수 있었다.

한마디로 머릿속에 생각하는 제품이나 웹사이트를 만들고, 사업을 진행해서 결과를 확인하는 것은 아무런 문제가 없다. 하지만 실제로 사업을 시작하기 전에 과연 아이디어가 타당한지 알아볼 수 있는 영리한 방법이 있다.

아이디어 검증하기

좋은 아이디어인지 어떻게 알 수 있는가? 대답하기 쉬운 질문은 아니지만 일반적으로 사용할 수 있는 몇 가지 기준이 있다.

우선 친구나 가족들에게는 귀를 기울이지 마라. 자신이 생각하는 틈새시장에 대해 특별한 지식이나 경험이 있다면 예외다. 친구나 가족은 여러분이 행복하기를 원한다. 새로운 도전에 대해서도 열성적인 격려를 해줄 것이다. 그래서 아이디어가 좋은지 나쁜지에 대한 믿을 만한 평가를 기대하기는 어렵다. 아이디어의 타당성에 대해 모든 방법을 통해 토론해야 하지만 '내 친구들이 모두 대단한 아이디어라고 말했어'라는 말은 사업을 시작하기에 충분한 이유가 될 수 없다.

최적의 판단을 구할 수 있는 곳은 잠재적 경쟁자들이다. 구글로 들어가서 미래의 고객들이 자신의 제품이나 서비스를 찾기 위해 입력할 키워드로 검색해서 결과를 살펴봐라. 앞선 사례를 보면 '요가 강사 찾기'나 '배관공이 사용하는 송장' 같은 키워드가 될 것이다. 이미 사용 가능한 제품이나 서비스가 무엇이 있는지 살펴보고 그들의 품질이나 내용을 분석하는 데 시간을 들인다.

자신의 아이디어가 이미 실현되어 있다고 해서 실망하지 마라. 이는 그저 그 아이디어에 대한 시장이 존재한다는 의미 그 이상은 아니다. 세상에 존재하지 않는 완전히 새로운 아이디어를 떠올린다는 것은 쉽지 않다. 진정한 도전은 자신의 아이디어를 다른 사람들보다 더 잘 실현하는 것이다. 기존의 사업을 분석할 때 무엇을 더 잘할 수 있는지를 명확히 하려 노력한다. 경쟁에서 우위를 차지하기 위해 가장 중요하면서도 어려운 문제는 무엇인가? 아마 경쟁자들은 웹사이트

품질이 낮든가, 고객서비스에 문제가 있든가, 가격정책이 불합리할 수 있다.

동시에, 경쟁자로부터 배울 점은 무엇인가? 자신의 사업에 반영할 수 있는 그들의 장점은 무엇인가? 좋은 아이디어를 훔쳐오는 데 주저하지 마라!

경쟁자를 발견할 수 없다면 어떻게 할 것인가? 물론 이는 근본적으로 완전히 새로운 아이디어를 떠올렸다는 의미다. 자신의 아이디어와 관련한 시장이 아직 형성되어 있지 않다는 의미이기도 하다. 혹은 사람들이 이미 시도했지만 실패한 경우일 수도 있다(또는 잘못된 키워드로 검색했을 수도 있다).

일단 경쟁자 연구를 마쳤다면 자신의 사업을 차별화해 경쟁 우위를 점할 수 있는 분명하고 명확한 아이디어가 있어야 한다. 이제 실행에 돌입할 시간인가? 그런가? 아직은 아니다. 우선 미래의 고객들을 만나볼 필요가 있다. 그리고 자신의 제품이나 서비스를 실제로 원하는지 이야기해봐야 한다.

이 시점에서 자신이 블로그나 온라인 팔로워가 있다면 얻을 수 있는 혜택이 크다는 점을 깨닫기 바란다. 만약 고객이 될 잠재적 가능성이 있다면 개별적으로 접촉해서 피드백을 모을 수 있다.

잠재적 고객이나 사용자에게 접근할 수 있는 쉬운 방법이 없다면 좀 까다롭긴 하지만 불가능하지는 않다. 특정 틈새시장을 노린다면 대상 고객들이 어디에 머무는지(온라인이나 오프라인 모두에서) 찾아낸다. 주변에서 몇 사람을 찾아 커피나 점심을 사면서 자신의 아이디어에 대한 피드백을 구한다. 특정 페이스북 그룹이나 커뮤니티가 타깃 고객들이 머무는 공간이라면 그 곳에 글을 올린다.

얼굴을 마주하고 얻는 피드백은 특히 소중하다. 인터넷에서 이뤄지는 평가는 얄팍하고 비판적인 경향이 있다. 고객들과 대화할 때는 가능하면 단도직입적으로 질문한다. 만약 '이를 사용하시겠습니까?'라고 묻는다면 대개는 '예'라고 대답할 것이다. 친구들이나 가족에게 의견을 물었을 때와 비슷한 오류가 발생한다. '이 제품(서비스)에 얼마까지 지불할 의사가 있습니까?'라고 묻는 것이 훨씬 진실에 가까운 대답을 얻을 수 있다. 심지어 그들이 얼마나 새로운 제품(서비스)에 열의가 있는지를 확인하기 위해 미래의 제품(서비스)을 위해 비용을 미리 지불할 의사가 있는지를 물어볼 수도 있다(물론 만족하지 못할 경우에는 환불해준다는 조건으로).

만약 잠재 고객과 접촉할 방법이 전혀 없다면 어떻게 할 것인가? 가장 좋은 방법 중 하나는 간단하게 '개봉 박두' 웹사이트를 개설하는 것이다. 그리고 관심이 있다면 자신의 뉴스레터에 가입할 것을 요청해라. 제품의 주요 기능을 내용에 담고 대략적인 출시 일자를 알린다. 그리고 가능하다면 미래 제품(서비스)의 캡처 화면을 내용에 포함하는 것이 좋다. 이메일 관리를 위해 mailchimp.com와 같은 서비스를 이용하고 또 워드프레스 테마를 이용하면 어렵지 않다.

일단 자신의 사이트를 구축했다면 친구나 가족들에게 이를 알리고 공유를 부탁해라. 사이트로 들어오는 트래픽을 늘리기 위해 비용을 지불해서 광고 캠페인을 할 수도 있다. 구글이나 페이스북에 100파운드를 쓰면 웹사이트를 만드느라 들어간 시간이 헛되지 않을 수 있다.

각 단계에서 중요한 것은 자신의 아이디어에 대한 객관적인 평가다. 효과가 없을 거라는 누군가의 한마디에 실망하지 마라. 동시에 자신의 상품을 내놓을 시장이 존재하지 않는다는, 또는 기존의 기업만으로도 시장이 포화 상태라는 압도적인 증거 앞에서도 '자신감을 유지'하는 것은 현명하지 않다.

최소 기능 제품 만들기

아이디어를 충분히 검증했다면 이제 일할 시간이다! '최소 기능 제품MVP, Minimum Viable Product'은 타깃 고객을 만족시킬 수 있게 필요한 최소한의 기능으로 만든 시제품을 말한다. 시작하는 기업가는 자신의 웹사이트나 앱이 모든 기능을 수행할 수 있게 만들고 싶다. 이는 많은 기능을 추가해야 하고 멋진 외관과 다른 경쟁 제품에 비해 사용하기도 편해야 한다. 이것이 틀린 생각은 아니지만 고객의 모든 필요에 부응하기보다는 한 가지 기능이 최고의 경쟁력을 갖는 것이 더 중요하다.

구글이 대표적인 사례다. 그들의 홈페이지는 간단한 검색창과 2개의 버튼으로 시작했다(현재도 거의 동일하다). 그들이 잘하는 단 한 가지 기능은 정보를 찾는 사람들을 돕는 것이다. 모든 사업을 그렇게까지 단순화할 수는 없지만 제품을 구상할 때 세상에 존재하는 다른 어떤 제품보다 한 가지는 최고라는 이야기를 들을 수 있게 한다. 거기에만 집중한다.

MVP 접근법의 가장 큰 장점은 최대한 빨리 사용자에게서 필요한 정보를 얻을 수 있다는 점이다. 실리콘밸리에서 흔히 말하듯이 제품

발표회에서 당황하지 않는다면 이미 늦은 것이다. 이는 만들다 만 제품을 출시하라는 얘기가 아니라 최대한 빨리 발표를 하는 데 집중해야 한다는 얘기다. 부가 기능을 추가하면서 발표를 지연시키면 안 된다. 그렇게 해서 시작부터 실제 사용자들에게서 피드백을 구할 수 있다. 이는 추정이 아니라 사용자들이 실제로 원하는 기능들을 추가할 수 있다는 의미다.

가격은 어떻게 책정할까

가격정책은 기업가에게 매우 어려운 주제다. 그리고 당연히 최선의 정책은 무슨 제품을 누구에게 제공하는지에 따라 천양지차다.

내가 가격정책에 대해 들은 최고의 조언은 '*가격으로 경쟁하지 마라*'이다. 이는 경쟁력 있는 가격을 책정하지 말라는 의미는 아니다. 자신의 USP가 '우리가 더 싸다'라는 한 가지 요소라면 사업을 이류시키기에 충분하지 않다는 것이다.

가격을 선택하는 가장 간단한 방법은 경쟁자들과 비슷하게 가는 것이다. 더 낮은 가격이 반드시 생각만큼 도움이 되지는 않는다. 우선 고객들이 비용을 낮추는 측면에서 자신의 제품을 선택한다면 품질도 우수하다는 확신을 주기 어렵다. 둘째 낮은 가격은 불가피하게 가격에 민감한 고객 유형을 모으기 쉽다. 그러면 비용이 더 낮은(심지어 무료) 서비스가 가능해지면 그들은 떠날 확률이 높다. 이상적으로는 다른 곳과 차별화된 무언가를 제공하기 때문에 자신의 서비스를 이용하기를 바랄 것이다. 이를 통해 충성스런 고객 기반을 형성할 수 있다.

규모와 관계없는 일을 해라

오늘날과 같은 성숙된 사업 환경에서 거대 기업과 경쟁하는 방법을 찾기는 어렵다. 그들은 훌륭한 제품을 만들기 위해 더 많은 시간과 비용을 투자한다. 첫 번째 해답은 거대 기업들이 관심을 갖기에는 규모가 정말 작은 틈새시장을 찾는 것이다. 둘째는 '규모와 관계없는 일을 하라'이다. 즉, 거대 기업이 충족시키기 어려운 고객의 행복을 위해 시간을 투자하라는 의미다.

내 회사인 에코 웹 호스팅Eco Web Hosting의 명백한 USP는 환경 친화적인 호스팅을 제공하는 것이다. 하지만 사람들에게 내 회사의 어떤 점을 가장 좋아하냐고 질문하면 대개는 서비스라고 답한다. 나는 직접 회사를 운영하고 고객을 지원하기 때문에 고객들은 웹사이트가 어떻게 기능하는지 정확하게 알고, 모든 문제를 해결할 수 있고, 특별할인과 부가서비스를 제공할 수 있는 사람과 이야기할 수 있다. 이는 거대 호스팅 회사들이 할 수 없는 부분이다.

스타트업 사례

2008년 여름, 조 게비아와 브라이언 체스키는 샌프란시스코의 비싼 임대료를 감당할 수 없었다. 그들은 자신들의 공간에 에어 매트리스 3개를 놓고 임대하기로 했다. 각자 80달러씩 지불하는 3명이 나타났다. 이것이 큰 아이디어가 될 수 있다는 것을 그들은 직감했다. 사람들이 자신들의 여유 공간을 공유할 수 있는 웹사이트를 만들었다. 그 회사는 '출범식'을 마친 후에 2건의 예약을 받았고, 몇 달간 평균 월 800달러 정도의 매출을 올렸다.

설립자들은 대부분 사람들이 시설의 사진으로 평가한다는 사실을 깨달았다. 사이트에 올린 사진들은 대부분 형편없었다. 그들은 성능 좋은 카메라를 구입해 사이트에 등록된 개별 집들을 방문했다. 그리고 무료로 사진 촬영을 해줬다. 많은 시간과 노력이 들어갔지만 조금씩 성장하기 시작했고 마침내 수십억 달러 규모의 회사가 됐다. 바로 오늘날의 에어비앤비다.

사용자의 방을 직접 촬영하는 것은 분명히 규모가 큰 회사에서는 생각할 수 없는 부분이다. 하지만 단기적 관점에서 이는 차이를 만들었다. 규모가 크지 않더라도 자신의 사업이나 서비스를 차별화할 수 있는 무엇이 있는가?

Summary Note

지금쯤 각자 최고의 아이디어를 선별했을 것으로 믿는다. 그리고 자신만의 MVP를 만들고 이를 테스트할 방법을 찾고 있기를 바란다. 사업을 시작하는 것은 자신이 할 수 있는 가장 흥분되는 일들 중 하나다. 그리고 세상과 또 자신에 대해서도 정말 많은 것을 배울 수 있다.

이제 코딩 분야에 더 관심을 두고 실제로 웹이나 앱 개발자가 되고 싶다면 어떻게 해야 할지를 살펴보자. 커리어를 바꿀 계획은 없더라도 마지막 챕터를 일독하기를 권한다. 코딩을 통해 프리랜서로서 부수입을 벌 수 있는 방법까지 다룰 예정이다. 현재 직업과 상관없이 누구나 할 수 있는 일이다. 회사를 시작하는 것과 마찬가지로 코딩과 사업수완을 키울 수 있는 훌륭한 방법이다.

13

코딩 개발자가
되는 길

새로 개발한 코딩 기술을 이용해 자신의 커리어를 진전시킬 수 있
는 방법으로 전문적인 개발자가 되는 법을 알아보자. 전업 코더는 찾
는 기업이 많고, 보수가 높다. 또 다양한 문제를 해결하기 위해 여러
업종에서 일할 수 있는 선택권이 보장된다. 본업을 유지하면서 프리
랜서를 하거나 작은 프로젝트를 수행하면서 '발끝만 담가볼 수 있는'
분야이기도 하다.

코딩이라는 일이 자신에게 적합한지부터 살펴보자. 그리고 이 분야
로 진입하는 방법을 알아보자. 무슨 언어와 플랫폼을 배울지, 포트폴
리오를 어떻게 구축할지 그리고 자신의 이력서에 어떤 내용이 있어
야 할지를 알아보자. 마지막으로 프리랜서와 전업으로 구직하는 방
법을 살펴보자. 할 수 있는 한 경력을 많이 쌓아라. 프리랜서 일을 찾
고 다양한 언어를 배워라. 그리고 실제 앱과 웹사이트를 구축하면서
연습해라. 이를 통해 가장 빠르게 일을 배울 수 있을 뿐만 아니라 포
트폴리오를 구축할 수 있다. 그리고 일의 어떤 부분을 좋아하고, 싫어
하는지를 파악할 수 있다.

전업 코더 vs 프리랜서

언급했듯이 개발자가 되는 것은 여러 면에서 훌륭한 선택이다. 코더는 급여가 좋고 일하면서 충분한 자유를 누린다. 그리고 문제를 해결하는 데 시간을 쓴다.

물론 다른 일들과 마찬가지로 코딩도 단점은 있다. 이제 바닥에서 출발하는 입장에서 당분간은 수입이 기대에 못 미칠 수 있다. 최고 연봉을 받기까지 몇 년의 세월이 필요할 수 있다. 또한 관리자들이 문제의 어려운 부분에 대한 세세한 이해 없이 해결해달라고 요청하면 스트레스를 많이 받을 수도 있다. 일하는 회사에 따라 마감시간은 촉박하고 업무시간은 길 수 있다.

폭넓게 말해서 코더로서 2가지 진로가 있다. 점점 더 기량이 늘어서 더욱 어려운 문제를 해결할 수 있는 높은 위치에서 일할 수 있다. 이 책을 읽는 동안 언어의 세부 사항까지 찾아보고 그 원리를 이해하려 했다면 이 길은 자신에게 적합할 확률이 높다. 최고의 코더는 높은 급여를 받을 수 있다. 그리고 종종 헤드헌터를 통해 스타트업에 채용되어 가능성이 높은 엄청난 스톡옵션을 부여받기도 한다.

다른 선택은 보다 관리 지향적인 길이다. 코딩을 하며 세월을 보낸 후 자신이 다른 이들을 교육하고 관리하는 데 유능하다는 사실을 발견할지도 모른다. 그리고 점차 프로그래밍 자체보다는 사람들과 협업하는 시간이 늘어갈 것이다. 이 길은 코딩을 즐길 뿐만 아니라 사람들과 협업하기를 즐기고 프로젝트의 방향을 잡는 데 유능한 이들에게 적합하다.

물론 커리어로서 코딩을 선택할지는 각자의 결정에 달려 있지만 다행히도 작은 프로젝트나 프리랜서 일로 이를 쉽게 시험해볼 수 있다. 프리랜서 일을 어떻게 구할지를 살펴보기 전에 어떤 언어와 플랫폼에 집중해야 할지부터 알아보자.

무슨 언어를 배워야 하는가

이 책의 모든 실전연습을 수행했다면 이미 여러 가지 언어들과 친숙해졌을 것이다. 프론트엔드(사용자가 보는 웹 페이지를 만들고 조정하는 일-옮긴이) 개발을 위해 우리는 HTML과 CSS, 자바스크립트를 배웠다. 백엔드back-end 또는 서버사이드 개발을 위해 파이썬을 배웠다. 앱의 경우에는 iOS 앱을 위해 스위프트, 안드로이드를 위해 자바를 다뤘다. 그리고 자동화를 위해 애플 스크립트와 파워셸까지도 살펴봤다.

이런 모든 언어들을 다룬 이유는 각자 어떤 타입의 개발을 더 선호하는지에 대한 개념을 잡았으면 하는 바람 때문이다. 앱과 웹사이트 모두를 구축하는 팔방미인이 되기를 원할 수도 있다. 이런 경우에는 다음 프로젝트를 위해 필요한 것들을 배우면 된다.

웹 개발

웹 개발에 집중하고 싶다면, 아마도 일자리와 프로젝트 개수 측면에서만 보면 가장 폭넓은 수요가 있는, 더 살펴보라고 추천하고 싶은 언어가 몇 개 더 있다. 첫째는 서버사이드 언어로 가장 폭넓게 사용되는(이 글을 쓰는 시점에 80%의 웹사이트가 이를 사용하고 있다) PHP이다. 워드프레스가 이 언어로 구현됐고 간단한 사이트를 무척 빠르게 구축할 수 있다.

둘째는 데이터베이스 언어인 MySQL이다. 이 책에서 데이터베이스를 다루지는 않았지만 대부분의 웹사이트나 앱의 필수 요소다. 사용자명이나 암호 또는 다른 사용자 관련 콘텐츠를 저장할 때 사용한다. 가장 전형적인 간단한 웹사이트는 프론트엔드로 HTML과 CSS, 자바스크립트를 사용하고, 백엔드로 PHP와 MySQL을 사용한다. 그 결과 PHP와 MySQL에 대한 해박한 지식은 웹 개발자로서 필수적인 부분이다.

물론 이외에도 웹 개발을 위해 배워야 하는 더 많은 범위의 언어와 프레임워크가 있다. 제이쿼리jQuery는 자바스크립트 작업을 더욱 쉽게 할 수 있도록 도와주는 자바스크립트 라이브러리로, 널리 쓰인다. 파이썬 부분이 즐거웠다면 파이썬으로 웹사이트를 구축할 수 있는 대중적인 프레임워크인 Django를 살펴봐야 한다. Ruby는 점차 인기를 얻고 있는 또 다른 서버사이드 언어다.

이러한 기본 사항들 외에도 자신과 다른 사람들을 위해 웹사이트를 구축하고, 새로운 특징이나 구조에 대한 필요성을 개발하고, 웹을 검색하는 데 필요한 언어와 플랫폼을 배워라. 우회하지 말고 프로젝트에 적합한 툴을 사용한다.

앱 개발

앱 구축을 원한다면 선택의 폭은 조금 더 제한된다. 비록 다른 옵션이 존재하기는 하지만 특별한 이유가 없다면 우리가 다룬 언어들과 통합 개발 환경을 고수할 것을 추천한다. 바로 iOS 앱을 위한 스위프트와 엑스코드와 안드로이드를 위한 자바와 안드로이드 스튜디오다.

가장 직관적이고 사용하기 쉬운 도구들이다. 그래서 위 언어들과 개발 환경의 전문가가 되는 것이 앱 개발을 위한 가장 훌륭한 방법이다.

어떤 방향으로 가야 할지 잘 모르겠다면 열린 마음으로 계속 개발 작업을 해라. 특정 플랫폼 및 언어를 좋아하게 되거나 일자리를 제안받을 수도 있지만, 그런 일이 발생하지 않는다 하더라도 걱정은 접어두고 계속 배워나가라.

프리랜서 일 구하기

직업으로서 코딩의 가장 큰 장점 중 하나는 프리랜서로 즉시 돈을 벌 수 있다는 점이다. 코딩 경험이 상대적으로 적다 하더라도 자신의 수준에 맞는 일을 찾을 수 있다. 물론 하지 못할 일을 해낼 수 있다고 주장하지 말고, 동시에 자신을 과소평가하지도 마라.

프리랜서로 일을 시작할 때 기억해야 할 한 가지가 있다. 이상하게 들릴 수도 있지만 사실이다. 주된 목표는 자신이 기술을 배우고 자신만의 포트폴리오를 만드는 것이다. 일을 시작하는 초기에는 이 2가지가 프리랜서로 일하며 돈을 버는 것보다 훨씬 더 중요하다. 버는 돈은 그냥 보너스로 생각해라.

프리랜서 일을 무료 MBA 과정으로 생각한다. 사업 기법에 대한 강의와 에세이 작성에 수만 파운드를 지불하는 대신 무료로 기법을 배우고 실무 경험을 얻을 수 있다. 초기 몇 개월 동안 받는 모든 돈은 금상첨화이다.

이는 염두에 둬야 할 중요한 사항인데 왜냐하면 적절한 포트폴리오와 중요 경력이 없다면 자신의 일에 대해 합당한 비용을 청구하지 못할 수도 있기 때문이다. 그러니 큰 보상이 나중에 이어진다는 점을 기억하고 지금은 시간을 투자할 때다.

어떤 일을 하든지 LinkedIn.com과 같은 주요 플랫폼에서 고객의 리뷰를 받는 것이 이상적이다. 고객이 조회할 수 있는 출처는 프리랜서 일과 정규직 둘 다를 얻는 데 매우 유용하기 때문이다. 덜 알려졌지만 구글 맵은 리뷰를 구하기 좋은, 매우 효과 있는 곳이다. 지역 기업으로 사업을 설정한 경우(집주소를 사용해도 좋지만 허가를 요청할 경우 주소를 지역 업무 공간으로도 등록할 수 있다) 고객에게 검토 내용을 구글 맵에 게시하도록 요청할 수 있다.

이런 작업을 하는 개발자가 많지 않기 때문에 사람들이 웹과 앱 개발자를 검색할 때 별 5개 평가를 받은 소수의 리뷰만으로도 검색 결과의 맨 윗자리를 차지할 수 있다.

프리랜서 일을 구하는 2가지 주요 방법이 있다. 프리랜서 웹사이트를 통하는 방법과 개인적으로 지역에서 사람을 통해 구하는 방법이다.

지역에서 프리랜서 일 구하기

지역에서 일을 찾는 확실한 방법은 자신의 인적관계를 살펴보는 것이다. 동료, 친구 및 가족을 생각해보라. 그들 중에 웹사이트 업데이트를 원하거나 구축하고자 하는 앱 아이디어를 가진 사람이 있는가? 무료로 일할 수도 있지만 일의 대가로 웹사이트나 앱의 공동 소유권을 가질 수도 있다. 대가를 받고 일하는 경우에는 주저하지 말고 공정한 작업료를 제시한다.

일을 구하기에 좋은 또 다른 곳은 현지의 모임이다. meetup.com을 방문해서 해당 지역의 어떤 모임에 참여할 수 있는지 확인한다. 대부분의 마을과 도시에는 매주 많은 모임이 열린다. 만약 참석할 수 있는 모임이 없다면 스스로 만들 수도 있다. 그런 모임에 참석한다면 적극적으로 사람들을 사귀고 도움을 제공해라(그리고 두려워하지 말고 자신을 개발자로 소개해라!). 무언가 일을 맡을 수 있는 확률이 생긴다. 정당한 작업료를 분명히 제시해라. 좋은 가격에 훌륭한 작업 결과를 제공해라.

온라인으로 프리랜서 일 구하기

지역은 프리랜서로 일하기에 아주 좋은 곳이지만 시장은 제한적이고 경쟁이 심하다. 다행히 upwork.com이나 freelancer.com 같은 웹사이트가 많이 있어 전 세계에서 프리랜서로 일할 수 있다.

경쟁이 치열하기 때문에 처음 보수를 받기까지 몇 번의 시도가 필요할 수도 있지만 경험이 더 많은 개발자에 비해 이런 사이트들이 초보자에게 몇 가지 중요한 이점이 있다.

- 이곳에서 자신의 주요 목적은 배우는 것이다. 첫 번째 일에서 세 시간을 들여 단지 10달러를 벌 수도 있지만 고객과 의사소통하고, 웹사이트 코드를 수정하고, 프로젝트 입찰에 참여하는 방법에 대해 많은 것을 배울

수 있어 괜찮다. 그것뿐만이 아니라 처음으로 별 5개짜리 평가를 받게 될 것이다(분명하게 말하지만 정말 자랑스러운 순간이다!).

- 급할 필요가 없다. 그 사이트의 개발자 대부분은 많은 수의 프로젝트에 입찰한다. 자신은 여전히 배우는 과정에 있으므로 시간을 내어 게시물의 세부 사항을 자세히 읽었다는 것을 보여주는 사려 깊고 적절한 입찰을 할 수 있다. 나를 믿어라. 그런 식으로 입찰하는 경우는 드물다.
- 세부적인 작업까지 해줄 수 있다. 배움에 목적이 있으므로 시간을 더 들여서 고객이 요청한 것 이상을 할 수 있다. 워드프레스를 설정한다면 사이트 속도를 높이기 위해 캐싱 플러그인을 설치해라. 웹 폼을 만든다면 CSS를 사용하여 아름답게 꾸며라. 고객의 모든 질문에 신속하고 철저하게 대답해서 점수를 따라.

다시 강조한다. 여기서 돈을 벌 수도 있지만 그것은 두 번째 목표다. 주요 목적은 프리랜서로서 웹 개발을 하는 방법을 배우고, 온라인 포트폴리오를 구축하고, 긍정적인 리뷰를 만드는 것이다.

프리랜서 사이트를 선택하고 그곳에 집중해라

첫 일을 가져올 때 가장 힘든 부분은 긍정적 평가를 해주는 리뷰가 없는 점이다. 이를 위해 당장은 한 곳의 프리랜서 사이트를 선택해서 집중하라는 조언을 하는 것이다. 나중에 다른 곳에도 참여할 수 있다. 하지만 일단 freelancer.com에서 별 5개짜리 리뷰를 3개 이상 받고 나면 일을 찾기가 훨씬 쉬워진다.

각 프리랜서 사이트의 장단점을 지금 살펴보지는 않겠다. 시간이지나면서 변동이 심하기 때문이다. 그냥 몇 개 사이트를 점검해보고 괜찮아 보이는 사이트를 선택해라. 각자가 사는 나라에서 결제를 받을 수 있는지 확인해라. 그리고 금액이 맞는다면 계약해라. 모든 사이트를 샅샅이 살펴보려고 많은 시간을 낭비하지 마라. 나는 freelancer. com에서 대부분의 경력을 쌓았다. 다른 사이트도 유사한 방식으로 돌아간다.

아래는 살펴봐야 할 사이트 목록이다.

- upwork.com
- freelancer.com
- peopleperhour.com
- guru.com
- craigslist.com

www.freshbooks.com/blog/2013/01/16/freelance-jobs에서 위 사이트들과 다른 사이트들에 대한 아주 유용한 비교 평가를 할 수 있다. 웹 개발보다는 코딩에 관한 내용이 많지만 같은 원칙이 적용된다.

프로필 만들기

일단 어느 사이트에서 일을 찾을지 결정했다면 회원 가입을 하고 프로필을 만들어야 한다. 프로필을 만들 때 아래 사항을 참고하라.

- 신상을 솔직하게 올려라. – 진짜 이름과 사진을 사용하고 자신에 대해

설명해라.

- 정직해라. – 가지고 있지 않은 기술을 가진 척하지 마라. 지금 단계에서는 'HTML과 CSS, 자바스크립트 작업 가능' 정도가 적당하다. 그리고 이후에 배워나가면서 필요한 기술들을 추가할 수 있다.

- 자신의 트위터 계정과 링크시켜라. – 프리랜서 사이트에 메뉴가 있다면 자신의 트위터 계정과 링크시켜라. 이를 통해 프로필에 진정성이 부여되고 잠재적 고객에게 개발자로서 확신을 줄 수 있다. 트위터 계정이 없다면 새로 만들어라. 초기에는 고객의 믿음을 얻는 정도지만 커뮤니티와 팔로잉이 늘어나면 그 자체가 일의 원천이 될 수 있다.

- 시험을 완료해라. – 대부분의 프리랜서 사이트는 사용 언어(영어가 가장 유리하다)와 여러 가지 코딩 언어를 선택해서 치를 수 있는 시험이 있다. 이는 대체로 50달러 정도의 비용이 든다. 하지만 리뷰가 하나도 없는 상태에서 이륙하기 위해서는 합리적인 투자다.

입찰하기

처음에는 작은 일을 찾아라. 비교적 복잡하지 않은, 최대 50달러 정도의 일을 찾아라. 웹사이트를 업데이트하거나, 망가진 레이아웃을 수정하거나, 작은 기능을 추가하는 일 등은 쉽게 발견할 수 있다. 아래 사항들을 염두에 두고 최대한 많은 개수의 프로젝트에 입찰하라.

- 입찰금액은 낮게! – 일단 경력을 쌓고 배우려는 데 목적이 있다는 사실을 잊지 마라. 특히 리뷰를 하나도 가지고 있지 않을 때는 입찰금액을 낮게 잡아라. 이를 통해 일을 더 빨리 얻을 수 있고 차차 가격을 올릴

수 있다.

- 입찰금액이 낮은 이유를 설명해라. – 현재 배우는 과정이라고 말할 필요는 없다. 하지만 해당 사이트에서 첫 리뷰를 얻기 위해 낮은 금액으로 입찰한다고 설명할 수는 있다. 먼저 밝힘으로써 작업 결과에 따라 적극적인 리뷰를 얻을 수도 있다.

- 큰일을 맡지 마라. – 아직 배우는 중이다. 기술적으로 어렵거나 규모가 큰 프로젝트는 피해라. 필요한 기술을 배울 수 있다는 자신감이 있는 한 자신의 기술 수준보다 약간 상위의 일을 맡는 것을 주저하지 마라. 하지만 피해야 할 최악의 상황은 고객을 실망시키고 나쁜 리뷰가 달리는 것이다.

- 일을 명확히 해라. – 무엇이 요구되는지 정확하게 파악하는 것은 기본이다. 그리고 이는 프리랜서 사이트의 메시지 시스템에 객관적으로 기술되어 있다. 그런 방법으로, 만약 어떤 불일치가 있다면 원래 일의 내용이 무엇이었는지 확실히 해놓을 수 있다. 애매모호한 표현이나 포괄적인 목적(예를 들어 '사이트 구축하기')은 재앙의 시작이 될 수 있다.

- 비용 지불 방식을 합의해라. – 아무리 작은 일이라도 비용에 관한 합의를 명확히 해라. 비용 지급 계획이 세워지기 전까지는 일을 시작하지 않는다(만약 구매자가 계약금을 지불한다면 일이 끝날 때까지 사이트에 보관될 것이다). 만약 어떤 불일치가 발생한다면, 프리랜서 사이트에서 작업이 완수되었는지에 따라 비용을 지불할지를 결정한다.

- 구매자에 대한 리뷰를 살펴라. – 구매자에게도 리뷰가 달려 있다. 만약 리뷰가 없다면 조심한다. 물론 신용 있는 곳일 수도 있지만 아닐 수도 있다. 특히 이 경우에는 일의 내용을 명확히 하는 것이 중요하다. 그리

고 일을 시작하기 전에 비용 지급 관계를 확실히 해놓아야 한다.

포트폴리오 구축하기

개발자로서 이력서보다는 포트폴리오 웹사이트가 훨씬 더 중요하다. 개발자로서 강점 부분과 잘 완성된 작품들을 사이트에서 열람할 수 있어야 한다. 잠재 고객과 고용주들이 자신과 기꺼이 일할 마음을 가질 수 있도록 해야 한다.

사이트는 자신의 스타일과 개성을 반영한다. 그래서 가능하다면 백지에서 사이트를 만든다. 그래도 원한다면 빠르게 멋진 모습의 포트폴리오 사이트를 만들 수 있는 다양한 워드프레스 테마가 존재한다. 포트폴리오 사이트는 보기에 좋아야 한다. 그래서 templatemonster.com이나 themeforest.com에서 50달러가량의 테마를 구입할 것을 추천한다. 두 군데 모두 https://themeforest.net/category/wordpress/creative/portfolio와 www.templatemonster.com/portfolio-wordpress-themes에 워드프레스 테마 섹션을 가지고 있다.

시간을 내서 잘 만들어진 개발자 포트폴리오 사이트를 살펴봐라. 그들의 강점을 배워라. 프로젝트 이야기는 잠재적 고객과 고용주들에게 특히 효과가 좋다. 프로젝트 이야기에서 고객의 요구, 어떻게 만나게 됐는지, 그리고 목표를 이루기 위해 무슨 기술을 사용했는지 등을 설명한다. 캡처 화면과 프로젝트 자체로의 링크, 고객의 평가를 결합하면 자신의 수준과 경쟁력을 보여주는 매우 강력한 방법이 된다. 또한 자신의 작업을 명확히 설명하는 능력까지 보여줄 수 있다.

포트폴리오 사이트에 공을 들여라. 그리고 새로운 프로젝트를 완수하고 또 새로운 기술을 배워나가면서 확장할 여지를 남겨둬라. 다가올 많은 세월 동안 그곳이 자신의 거점이 되기를 바란다. 그래서 사이트의 시작을 잘할 필요가 있다.

온라인에서 정체성 키우기

잠재적 고용주가 지원자의 이름을 구글링할 확률이 높다. 그래서 자신의 온라인 정체성이 인상적이고 매력적으로 보이는 것이 중요하다. 앞서 블로그 부분에서 언급한 적이 있다. 또한 트위터 피드와 포트폴리오를 잘 다듬어야 한다. 온라인 이미지를 돋보이기 위해 할 수 있는 다른 방법도 있다.

링크드인 프로필 업데이트

LinkedIn.com은 현재까지 가장 거대한 경력 관련 소셜 네트워크다. 반드시 링크드인 페이지가 있어야 한다. 그리고 희망하는 직군이 반영되어 있어야 한다. 그래서 여기에도 위에 나온 모든 조언들이 해당된다. 자신의 경력과 역할을 구체적으로 표현하고 모두 최신 정보로 유지한다. 자신이 수행한 프로젝트와 평가로의 링크를 반드시 포함시킨다.

깃허브 페이지 소유하기

깃허브GitHub는 주로 오픈 소스 앱을 위한 코드를 저장하는 매우 인기 있는 사이트다. 만약 자바스크립트 이미지 슬라이더 같은 툴이나 아이폰 계산기와 같은 간단한 앱을 만들었다면 자신의 깃허브 페이지에 저장할 수 있다. 이는 다른 사람들에게도 도움을 줄 뿐만 아니라 자신의 재능과 경력을 보여줄 수 있는 또 다른 장소가 된다.

또한 오픈 소스 프로젝트에 기여하고 싶은 마음이 들 수도 있다. 누구나 참여할 수 있고 이는 지금까지 앱과 웹사이트를 구축하기 위해 무료로 사용했던 툴을 제공했던 커뮤니티에 은혜를 갚는 훌륭한 방법이다. 하지만 프로젝트에 기여하고 싶다면 자신이 하는 일을 정확히 알아야 한다. 엉터리로 작성되고 버그투성이인 코드로는 어떤 도움도 주지 못하고 커뮤니티에서 친구를 사귈 수도 없다.

소프트웨어 개발자로서 이력서 쓰기

소프트웨어 개발자로서 이력서를 쓰는 과정은 다른 업종과 큰 차이는 없다. 간결하고 정직하게 주요 내용 중심으로 적고 자신의 실력을 과소평가하지 않는다. 코딩으로 직종을 바꾸려 한다면 이전의 경력을 어느 정도 포함해야 할지, 그리고 비교적 짧은 개발 경험을 어떻게 잘 꾸며 말할지 고민스러울 수 있다.

내 조언은 각각의 경력을 모두 포함시키라는 것이다(이상적으로는 시간 흐름상 빈 기간이 없는 것이 좋다). 하지만 구체적 사항까지 들어갈 필요는 없다. 개발자로서 일을 얻고 싶다면 새로운 기술을 얻기 위해 무슨 노력을 했는지 지금까지 작업한 포트폴리오에 집중한다. 포트폴리오와 함께 무슨 특정 언어와 환경에 특히 친숙한지 명확하게 밝힌다.

이력서를 읽는 사람들에게 기술적 지식이 없을 확률이 있다. 그리고 그런 사람들은 자바스크립트나 PHP와 같은 키워드만 찾는다. 그래서 모든 관련 있는 기술들을 분명하게 명시했는지 확인한다. 여기서 '관련 있는'이라는 말이 중요하다. 지원하는 일을 잘 살펴보고 자신의 기술 목록을 거기에 맞춰서 정리한다. 지금까지 작업했던 모든 언어들이 모두 적힌 긴 목록은 필요가 없다!

비결은 자신이 사용했던 툴에 대해 좋아하는 점과 싫어하는 점을 기술하는 것이다. 이를 통해 툴의 상세한 장단점에 대해서까지 친숙할 정도로 이해력이 있다는 점을 보여줄 수 있다. 또한 자신이 작업한 개인적 프로젝트도 포함시킬 수 있다. 이는 프로그래밍에 진정한 관심이 있다는 것을 보여주고 또 면접에서 이야기할 거리를 만들 수도 있다.

언제나처럼 정직해라. 허위 경력을 주장하지 마라. 하지만 자신이 일을 빨리 배우고 짧은 시간에 많은 코딩 작업을 수행했다는 것을 보여줘라. 적절한 위치에 지원한다면(즉, 입문 코딩 포지션) 고용주는 엄청난 경력이나 컴퓨터 과학 학위를 요구하지는 않을 것이다. 하지만 기본적인 기술은 요구할 것이다. 그리고 일 자체에 대한 흥미가 있기를 기대할 것이다.

면접

이력서와 마찬가지로 모든 기본적인 면접에 관한 조언들이 여기에도 적용된다. 면접관들에게 호감을 보여주고 관심을 가져라. 그리고 지원하는 회사와 자리에 대한 지식을 보여줘라. 이력서를 잘 읽어보고 예상할 수 있는 질문을 적어도 20개 이상 적어보라(20개를 떠올릴 수 없다면 가족이나 친구에게 도움을 요청해라). 이 질문에 대한 최상의 답변을 적고 이를 큰소리로 반복해서 연습한다. 이를 통해 자신감을 키우고 이제 맞닥뜨리게 될 질문에 능숙하게 대답할 수 있다.

면접관들은 기술팀의 관리자(미래 상사)나 코더(미래의 동료)일 확률이 높다. 그리고 혹시 비 기술 부서인 인사 담당자일 수도 있다. 그들의 관점에서 면접을 상상해본다. 무언가 다른 측면을 물어올 수도 있다. 활기 넘치고 열정적인 모습으로 이력서에 명기한 개인적 프로젝트에 대해 자신감 있게 이야기한다.

업계의 최신 뉴스를 인지하는 것도 프로그래밍에 대한 관심을 보여주는 방법이다. 그리고 잡담으로 흐르지 않고 내용 있는 이야기를 할 수 있다.

Summary Note

포트폴리오를 구축하고, 프리랜서 일을 찾고, 이력서를 쓰고, 면접에 참여해서 마침내 프로그래밍 관련 취업을 하는 과정을 단기간에 끝낼 수는 없다. 적어도 1년 이상의 준비기간이 필요하다고 생각한다. 하지만 그 과정에서 많은 것들을 배울 수 있고 전업 개발자가 되든, 되지 않든 기술을 쌓아 성장할 수 있다.

★ 나오며

이 책을 끝까지 충실히 따라왔다면 적어도 6가지 프로그래밍언어를 배웠고 현재 자신의 일에서 배운 기술을 활용할 방법을 궁리해봤을 것이다. 이제 구직 가능성을 높이고 부수입을 올릴 수 있게 됐다.

무엇보다 매일 사용하는 컴퓨터 기술에 편안함을 느끼는 것이 중요하다. 앱과 웹사이트가 어떻게 기능하는지 원리를 이해하면 일을 더 효율적으로 할 수 있는 방법을 개발할 수 있다. 또한 자신의 앱과 웹사이트를 만들 수도 있다.

일을 더 잘하기

책에서 다룬 기술을 사용해 일을 더 효과적이고 효율적으로 할 수 있는 방법을 찾아 적어보자. 자동화할 수 있는 반복적인 업무, 정기적으로 작성하는 보고서, 검색 업무를 빠르게 할 수 있는 방법을 생각해본다. 업무 처리 속도를 개선하기 위해 IFTTT와 텍스트 확장, 애플스크립트, 파워셸 같은 서비스를 이용할 수도 있다.

사무실이나 업무 환경을 자신이나 동료를 위해 개선할 수 있는 방법도 찾아본다. 최근의 변화에 대한 피드백이나 직원들에게 현재 자신의 역할 만족도를 묻는 것과 같은 내용의 자동 이메일 시스템을 만들 수도 있다. 회사나 부서에서 더 효율적인 의사소통을 하는 방식을 만들 수 있나? 또는 고객들에게 더 나은 서비스를 제공할 수 있는 앱이나 웹사이트를 만들 수 있나?

업무를 잘하기 위해 코딩 기술을 사용하는 것은 고용주나 고객을 위해 가치를 제공하는 훌륭한 방법이다. 결과적으로는 동료들이 그 성과를 알아보면서 자신에게 혜택이 돌아온다.

웹사이트나 앱 구축하기

업무를 잘하기 위해 작은 툴을 만드는 것은 새로 배운 기술을 활용하는 훌륭한 출발이다. 하지만 더 큰 프로젝트를 찾고 있다면 완전한 앱이나 웹사이트를 만들어라. 웹사이트는 자신의 온라인 정체성을 구축하기 위한 블로그일 수도 있고 커뮤니티를 만들어 정기적으로 글을 올릴 수도 있다.

또는 특정 커뮤니티에 대한 온라인 공간의 필요성을 느껴 사이트를 만들거나 다른 사람들이 관심을 가질 수 있는 작업이나 취미를 바탕으로 툴이나 서비스를 개발할 수도 있다. 무엇이 됐든 간에 그것을 만들고 무슨 일이 일어나는지 지켜보라. 무언가 새로운 것을 창조하면 이후에 무슨 일이 발생할지는 아무도 모른다.

사업가 되기

자신의 아이디어가 무엇이든지 간에 코딩은 사업을 시작할 수 있는 능력을 준다. 사업에 관심이 있다면 챕터 12를 다시 읽어라.

명심해라. 꼭 제2의 페이스북 개발자가 될 필요는 없다. 현재 출시된 것보다 개선된 간단한 상품이나 서비스를 만들어 틈새시장을 노려라. 장기적인 계획은 뒤따라온다. 내가 아는 한 온라인으로 사업을 구축하는 것은 기업가 정신을 배울 수 있는 최선의 방법이다. 그리고 그 과정에서 자신에 대해 더 많은 것을 알 수 있고 물론 코딩 기술도 늘어간다.

개발자 되기

직업을 바꾸고 싶다면 챕터 13으로 돌아가라. 전업 개발자가 자신에게 적합한 일인지 알 수 있다. 프리랜서 일을 통해서 일단 발만 담가볼 수 있다는 점을 명심해라. 특히 지역사회의 관련 모임에 참석하거나 앱이나 웹사이트를 만들고 싶은 사람을 찾으면 된다.

동시에 포트폴리오 사이트를 구축하고 자신의 온라인 정체성을 잘 만들면 전업 개발자가 되는지 여부와 상관없이 많은 도움을 받을 수 있다.

심화 학습을 위해

대부분 사람들에게 코드를 배울 수 있는 최선의 방법은, 일단 기본 기술을 익혔다면, 무언가를 직접 만들어보는 것이다. 그 과정에서 무슨 기술이 필요한지를 알아 가면 된다. 하지만 보다 체계적인 방법을 원한다면 무료에서 수백 달러에 달하는 온라인 강의가 많이 있다. 코딩의 모든 부분이 총망라되어 있다.

내가 추천하는 강의는 각 챕터의 끝부분에 소개되어 있다. 보다 포괄적인 강의나 다른 주제에 대한 강의는 아래 목록을 참고한다.

- udemy.com – 모든 주제에 대한 광범위한 강의가 있다. 등급이 매겨져 있고 종종 큰 폭의 할인도 받을 수 있다.
- codecademy.com – 웹 개발과 관련된 주제에 관한 쌍방향 코딩 강의가 있다. 무료도 많다.
- codeschool.com – 매달 29달러에 수준 높은 65개 영상 강의를 들을 수 있다.

실제 사람을 대면하는 강의를 듣기 원한다면 비용은 좀 더 들겠지만 거주 지역의 코딩 학원을 다닐 수도 있다.

무슨 일을 하든, 이 책이 코딩을 배우고 활용하는 데 영감을 줄 수 있었으면 한다. 코딩 경력은 여러 직종에서 찾기가 힘든 만큼 인기가 많다. 앞으로도 그럴 것이다. 또 코딩을 통해 자신만의 디지털 도구를 자유롭게 만들고, 새로운 수입을 창출하며, 어쩌면 사업을 시작할 수도 있다.

나는 코딩을 배워서 인생이 예상치 못한 방향으로 바뀌었다. 여러분에게도 같은 일이 일어날 것이라 믿어 의심치 않는다.

코딩은 급여를 올리고 경력을 쌓을 기회를 넓혀주며
사업이나 구직의 지렛대가 될 수 있다.